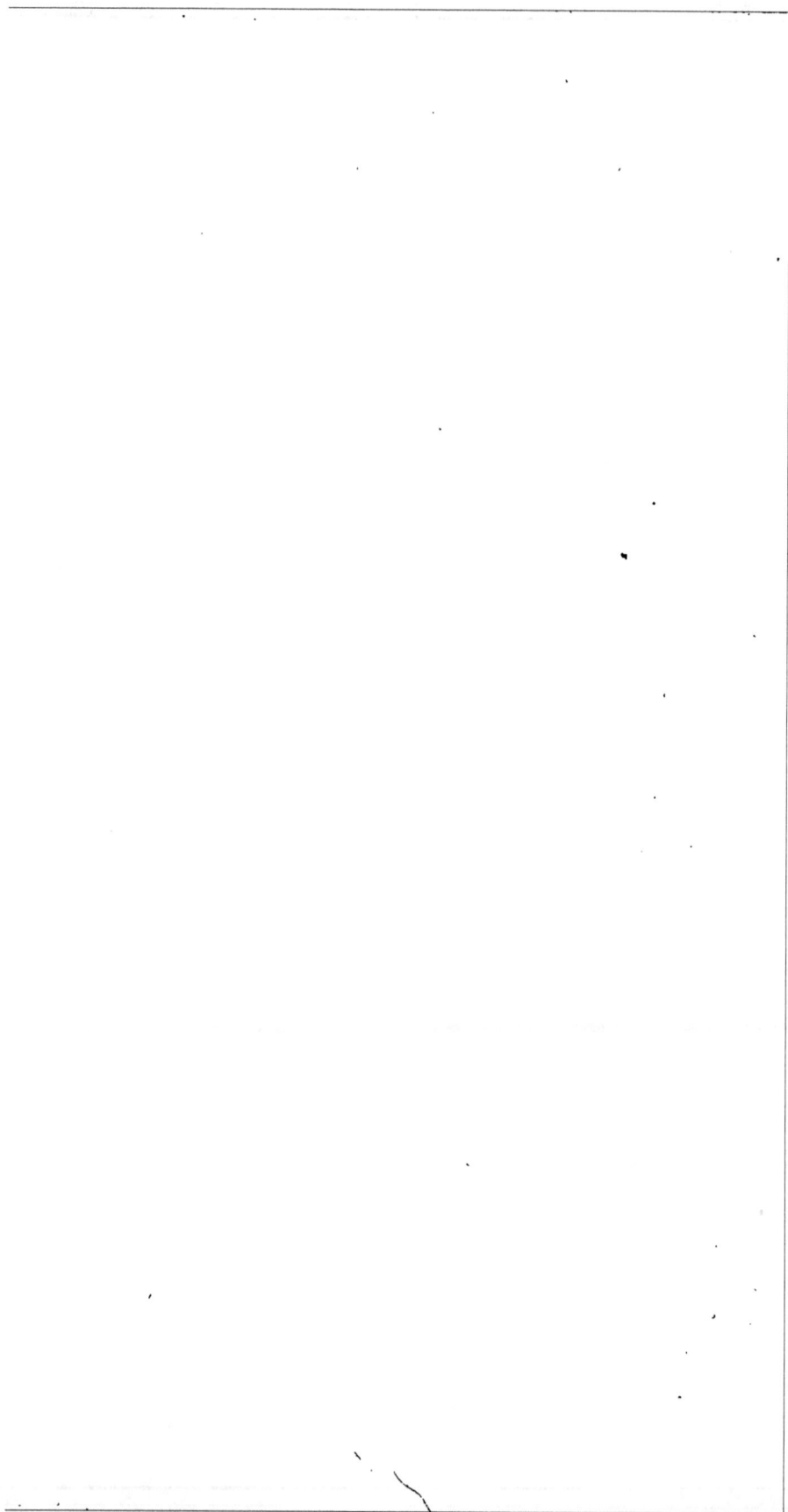

LE COMTE
RAYMOND DE CUERS

CAPITAINE DE FRÉGATE

ET RELIGIEUX DU TRÈS-SAINT SACREMENT,

ÉTUDE BIOGRAPHIQUE ET PHILOSOPHIQUE

PAR LE

Dʳ Evariste BERTULUS

De l'Académie de Marseille,
Ancien Médecin de la Marine royale (1828-1848),
Auteur de l'ouvrage intitulé : *l'Athéisme du XIXᵉ siècle.*

Gloire à Dieu ! et en avant à la rescousse
contre ses contempteurs !

*

VENDU au   profit de l'Œuvre.

MARSEILLE

TYPOGRAPHIE ET LITHOGRAPHIE CAYER ET Cⁱᵉ
Rue Saint-Ferréol, 57.

1875

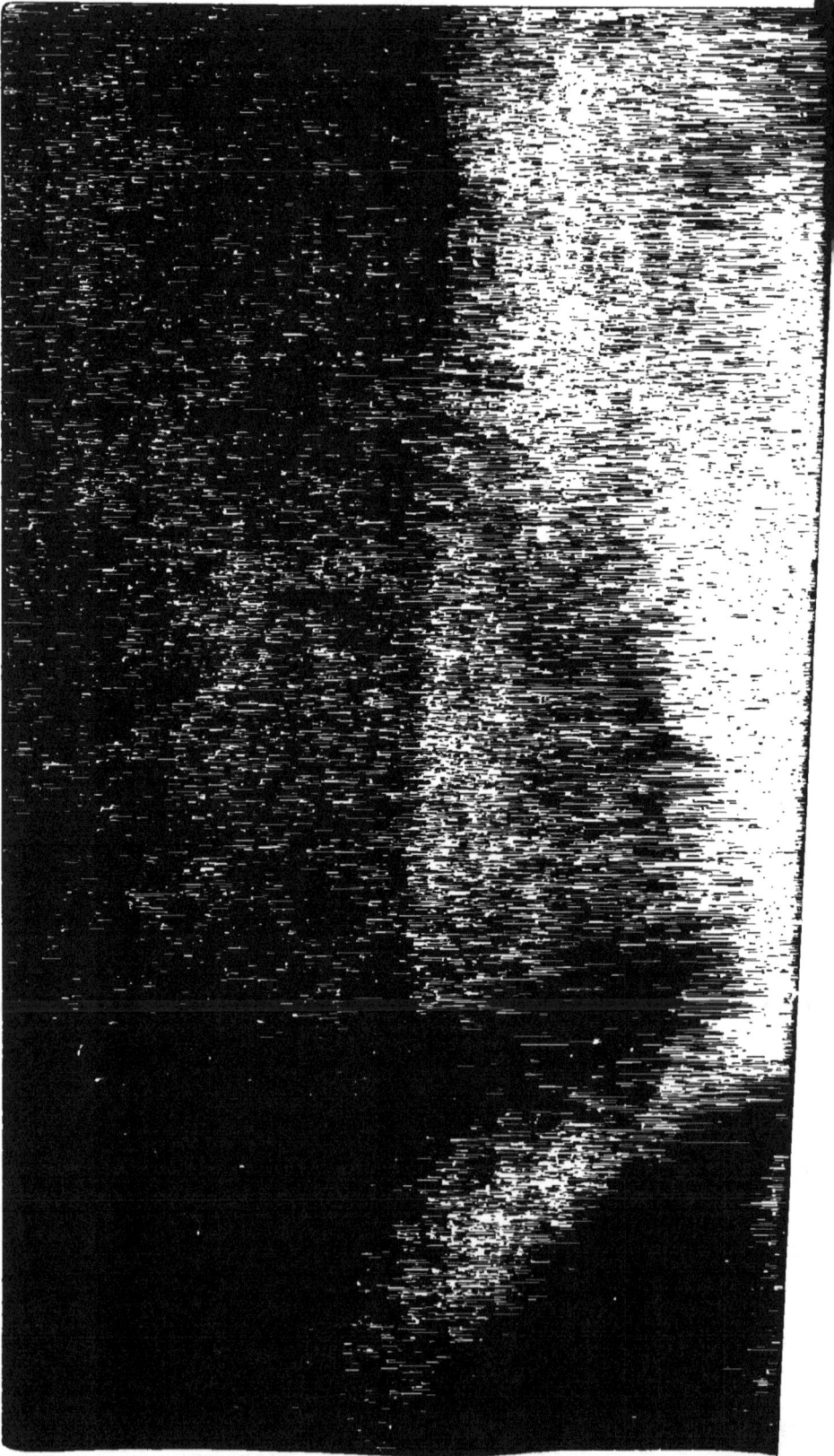

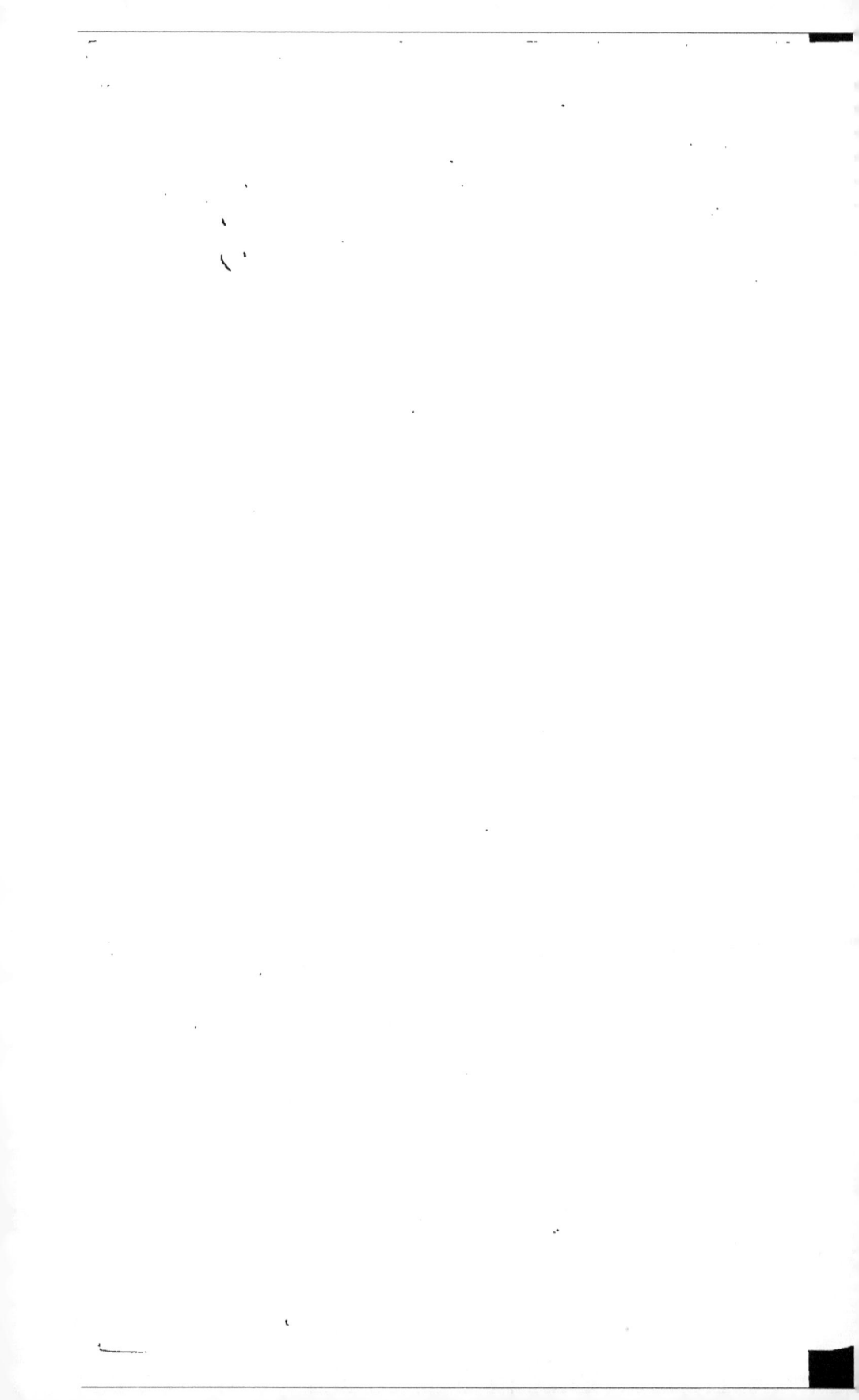

LE COMTE

RAYMOND DE CUERS

LE COMTE
RAYMOND DE CUERS

CAPITAINE DE FRÉGATE
ET RELIGIEUX DU TRÈS-SAINT SACREMENT,

ÉTUDE BIOGRAPHIQUE ET PHILOSOPHIQUE

PAR LE

Dʳ Evariste BERTULUS

De l'Académie de Marseille,
Ancien Médecin de la Marine royale (1828-1848),
Auteur de l'ouvrage intitulé : *l'Athéisme au XIXᵉ siècle.*

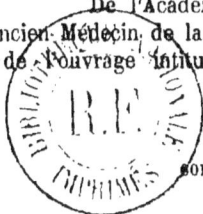

Gloire à Dieu ! et en avant à la rescousse
contre ses contempteurs !

*

MARSEILLE
TYPOGRAPHIE ET LITHOGRAPHIE CAYER ET Cⁱᵉ
Rue Saint-Ferréol, 57.

1875

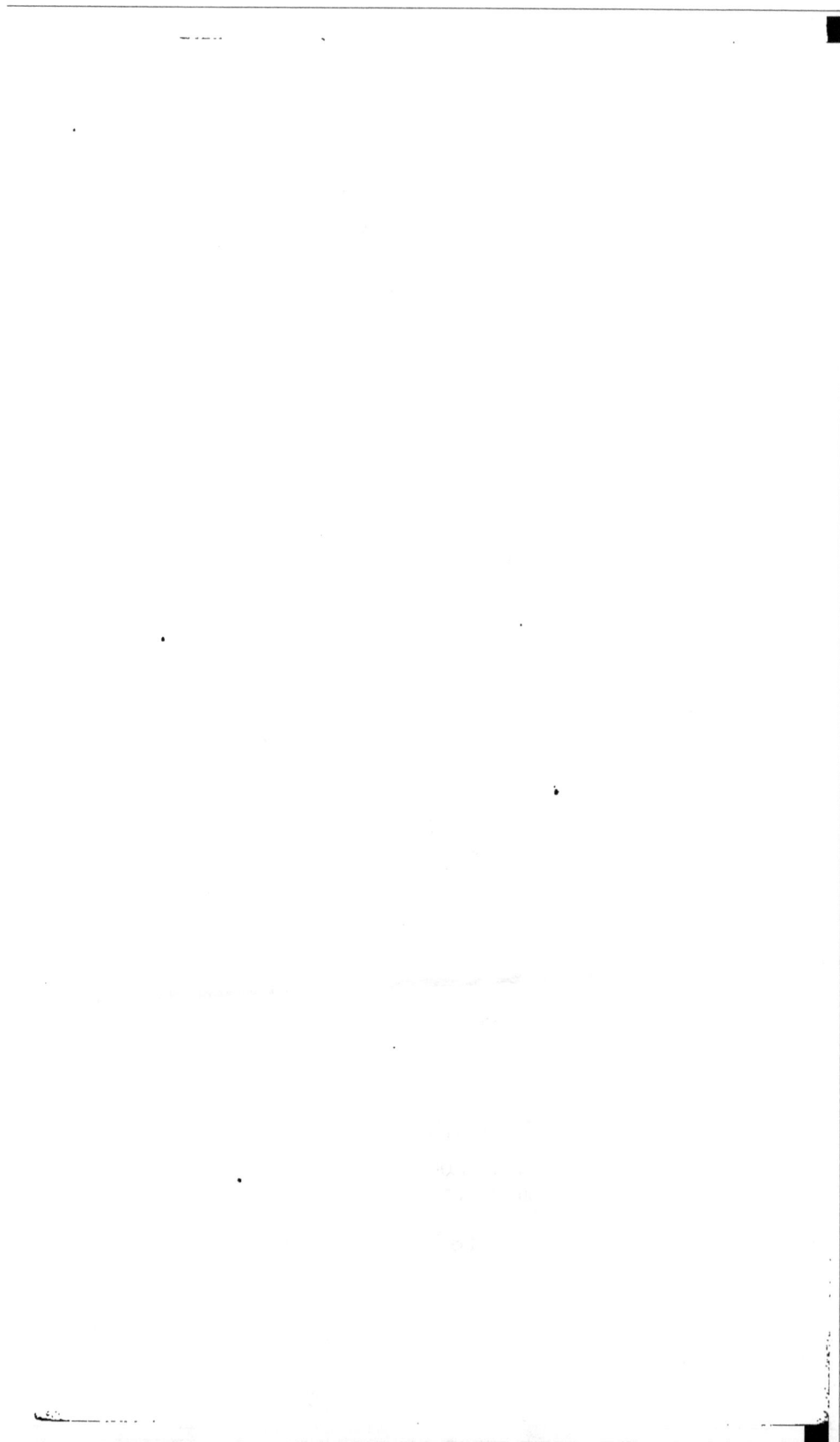

A L'AMIRAL

PRINCE DE JOINVILLE

~~~~~~~~~~~~~~

MONSEIGNEUR,

Vous avez·daigné me faire savoir, il y a quelques mois, que vous aviez conservé de RAYMOND DE CUERS, votre ancien compagnon à bord de l'*Iphygénie*, les meilleurs souvenirs, et ce haut témoignage rendu à une mémoire qui m'est restée si chère à divers titres, s'il ne m'a pas surpris, m'a vivement ému.

Veuillez donc me permettre aujourd'hui de vous offrir cette modeste étude destinée à retracer les services, les vertus morales et religieuses de ce martyr du devoir, et à remettre en lumière, par leur exemple, la vérité des grands principes sociaux, trop oubliés à notre époque.

Puisse ce double but que je me suis proposé de remplir dans ce petit écrit, mériter l'indulgence et les sympathies d'un Prince cher à la marine française, et dont le dévouement à la famille et à la patrie est connu de tous ; c'est dans cet espoir que je vous prie d'agréer, Monseigneur, l'expression du profond respect et de l'inaltérable dévouement avec lesquels je m'honorerai toujours d'être,

de votre Altesse royale,

le très humble, très obéissant et très fidèle serviteur,

EVARISTE BERTULUS,

Ancien Médecin en chef de l'île de Mogador pendant l'occupation française (Août 1844).

INTRODUCTION

L'auteur anonyme d'un simple article de journal publié en 1871 sur Raymond de Cuers, peu de jours après sa mort, le terminait par l'expression de ce vœu : « Peu de personnes ont bien connu cette grande âme qui mettait tant de soins à se faire oublier des hommes ; espérons qu'une plume amie viendra bientôt la faire connaître. O Dieu ! donne-nous beaucoup de ces hommes forts et robustes dans la foi et notre siècle si malade sera sauvé. »

L'étude que je me décide à publier en ce moment et qui fut écrite à cette époque si né-

faste à tous les points de vue, est le fruit d'un appel qui m'était personnellement adressé; car, personne autre que moi, je ne crains pas de l'affirmer, pas même les frères de Raymond, ne pouvait la faire à meilleur escient, ni avec plus d'autorité.

En effet, son condisciple et son ami d'enfance, j'ai passé mes premières années avec lui sur les bancs du collége de Toulon, berceau de nos familles. Nous avons ensuite servi tous les deux, de 1828 à 1848, dans ce qu'on appelait alors le grand corps de la marine royale; enfin, nous avons fait ensemble sur le même vaisseau, en 1838-1839, le voyage le plus désastreux, partant le plus instructif, le plus fécond en enseignements divers, dont nos annales maritimes conservent le souvenir, voyage qui acheva de resserrer encore les liens de cette sainte amitié que la mort seule a pu briser.

J'ajouterai sans hésitation que, parmi les nombreux camarades qu'il eut à l'École royale d'Angoulême, nul n'a pu apprécier de Cuers mieux que moi. De son propre aveu, il était austère, concentré, taciturne et ne se livrait que bien rarement. Si, dans de certaines circons-

tances, il m'a laissé lire dans son cœur si pur et si bon, sans se préoccuper de ma nature ardente et expansive qui formait avec la sienne le plus parfait contraste, je ne l'ai dû, sans contredit, qu'à ces ineffables souvenirs d'enfance, dont le prestige semble s'accroître en raison directe de l'âge, et qui en ce moment même me remplissent encore de la plus douce émotion. Heureux les vieillards qui conservent cette sensibilité d'un autre âge, et dont l'imagination et le cœur, mûris seulement par la raison, survivent à la dégradation physique; ils ne sont pas encore déplacés en ce monde et participent moins à ces grandes tristesses qui marquent le soir de la vie.

Mais je dois faire entrer aussi en ligne de compte, parmi les causes de mon intimité avec Raymond à partir des bancs du collège, ces sympathies naturelles et intuitives, tout aussi mystérieuses que les attractions du monde physique, qui semblent se rire de tout, dont l'histoire de l'humanité fournit nombre d'exemples célèbres, et qui sont en vérité le secret de Dieu.

Parmi cette foule de problèmes psychologiques dont la philosophie si négligée de nos jours recherche en vain la raison et que le matérialisme et le déterminisme attribuent bravement soit à des combustions, soit à des vibrations, etc., il en est un, en effet, qui nous frappe, nous saisit bien plus que tous les autres et qui se traduit à nos yeux comme une véritable loi : c'est que toutes les œuvres humaines, quelque modestes qu'elles puissent être, mais qui ont une portée sociale, exigent en général le concours de natures antagonistes qui se corrigent et se complètent en quelque sorte les unes par les autres.

Oui, la grande loi universelle de l'antagonisme que j'ai tant de fois rappelée dans mes écrits médicaux, loi qui, sous le rapport de sa généralisation et de son importance n'a d'autre rivale que celle de l'unité dans la variété cosmique ; cette loi, dis-je, se révèle surtout par la fructification des idées humaines concordant mystérieusement, mais d'une manière évidente, avec les vues de la Providence et à l'insu même de ceux-là qui, les premiers, les ont conçues, justifiant ainsi cette belle pensée d'un poète latin célèbre : « Dieu est en nous et notre commerce avec le ciel est de tous les instants. L'esprit qui nous anime provient, de toute évidence, des régions éthérées (1). »

Établissons bien vite, comme corollaire obligé de ce principe, qu'il n'y a pas que les grands génies de l'humanité, les Galilée, les Newton, les Christophe Colomb, les Lesseps, etc., enfin, que les initiateurs, les découvreurs dans la véritable acception de ces mots, qui travaillent, sans s'en douter, aux œuvres providentielles. De même que le polype madréporique a été l'instrument de la nature pour la création d'une partie considérable du globe, de même les hommes les plus modestes et les plus humbles furent dans tous les temps la cheville ouvrière d'utiles découvertes, celle de la restauration, du rappel des grandes vérités méconnues ou obscurcies par l'erreur. Or, c'est surtout ce grand fait qui doit ressortir de la lecture de ce modeste travail dont la portée scientifique et philosophique sera facilement appréciée.

(1) Est Deus in nobis et sunt conmercia cœli, sedibus ethereis spiritus ille venit.

Hélas! pourquoi faut-il que l'homme, ne se plaisant jamais qu'au milieu des exagérations, porte incessamment atteinte à l'ineffable lumière que Dieu lui a donnée pour se diriger ici-bas, subordonne toujours à ses passions, à ses vices, cette raison sublime qui fait de lui la grande cause seconde de l'univers créé?... Pourquoi faut-il qu'à notre époque que tant de découvertes merveilleuses signaleront aux siècles à venir, il se soit laissé aller sous l'influence d'un athéisme, d'un matérialisme immondes et repoussants, à confondre entre eux les divers règnes de la nature, à admettre une foule d'erreurs tout aussi absurdes, s'aveuglant d'une manière absolue sur ces deux grandes vérités : que le but, la fin de la création, c'est lui-même, et que la destinée des brutes auxquelles il aime tant à s'assimiler, simplement corrélative à la sienne, n'a rien de commun avec elle.

LE COMTE

RAYMOND DE CUERS

ÉTUDE

BIOGRAPHIQUE ET PHILOSOPHIQUE

Raymond de Cuers naquit le 29 juillet 1809,
à Puerto-Santa-Maria (baie de Cadix), d'André de
Cuers, lieutenant de vaisseau de la marine de
Louis XVI, émigré, et de dona Maria-Antonia
Garcia de La Quintana, fille d'un député aux Cor-
tès espagnoles de ce temps. Au moment où il
vint au monde (prenons note de cette circonstance), la fièvre jaune régnait à Cadix et semblait,
depuis près de dix ans s'y être établie à l'état
endémique, ainsi que dans une foule d'autres
localités de l'Andalousie.

Mon ami sortait d'une illustre famille toulon-
naise qui, de 1198 à 1793, avait fourni à ma ville
natale trente-cinq consuls, plusieurs prévôts et
viguiers royaux, etc.

Lorsque Louis XII rendit à Lyon l'édit qui
créa le Parlement d'Aix, il nomma conseiller en
première ligne Jean Decuers qui devint bientôt
prévôt de Marseille.

Néanmoins, en dépit de leur ancienneté, les
Decuers ne reçurent la noblesse qu'au XIII° siècle, dans la personne de Pierre DECUERS, sou-
che commune des branches dites de Brunet et
de Cogolin. Il eut le bonheur d'être le secrétaire
intime de notre bon roi René, *qui le tenait en
grande estime et amitié pour ses services et son
dévouement à sa personne.*

Le nom de Decuers doit être prononcé *de Cœur*,
de par le roi René. On sait, en effet, que, soit
pour encourager ses serviteurs à la vertu, soit
pour les corriger de leurs défauts, cet excellent
prince aimait à leur donner des qualifications
caractéristiques qui démontraient la perspicacité
de son esprit aimable, quelque peu caustique et
railleur, mais toujours bon et vrai. Or, toutes
ces qualifications se sont perpétuées dans nos
grandes familles provençales, et si quelques-unes
d'entre elles peuvent en tirer gloire, il en est
d'autres qui ne les avouent pas volontiers.

A partir de Louis XIII, les Decuers se vouèrent
plus spécialement au service de la flotte à laquelle ils ont fourni, jusqu'au commencement
de ce siècle, une foule d'officiers du plus haut
mérite. Sous le règne de ce prince, l'un d'eux,
capitaine de vaisseau (c'était alors le grade le
plus élevé de la hiérarchie navale), eut une cuisse
coupée dans le combat que Tourville livra aux
Anglais dans la Manche, le 12 juillet 1690.
Louis XIII, ne pouvant lui donner aucun avan-
cement, lui accorda, sur sa demande, et pour
toute récompense de sa bravoure, de placer une
fleur de lys d'or sur la fasce de son écusson. Aujourd'hui quel est le sujet qui irait au devant
d'une telle faveur, et se trouverait-il un roi ca-
pable de la lui octroyer sans rire ?.. (1).

Les annales de Toulon mentionnent aussi à
propos des cruelles pestes qui sévirent dans cette
ville en 1580, 1582, 1587, trois consuls : Honoré,
Clodion et Bernard de Cuers, qui se couvrirent de
gloire par leur courage et leur énergie. Le dernier
succomba au fléau, dit le chroniqueur toulonnais
Laindet de la Londe, et sa mort fut un jour de
deuil pour sa ville natale.

(1) Dès 1651, la même faveur avait été accordée par le
roi à un autre de Cuers de Brunet, pour services distingués
rendus dans l'ordre civil.

« Les armes des de Cuers étaient d'azur à la
fasce d'or, accompagnées de trois cœurs du même,
deux en chef et un en pointe. » (*Armorial de
Provence*). Un pareil blason venant du roi René,
qui était l'homme de cœur par excellence, donne
une haute idée des qualités morales de son secrétaire intime. Il est notoire, en effet, je le dirai
en passant, que cet excellent prince, formé à
l'école du malheur et dont le souvenir est encore
vivant dans notre Provence, après quatre siècles,
s'attachait par dessus tout et par tous les moyens
possibles à développer l'intelligence et le cœur
de ses sujets. N'est-ce pas en oubliant ce principe éminemment progressif que les gouverne-
ments modernes donnent la main à toutes les
immoralités qui se produisent au milieu de nous,
et qui conduisent la société à sa ruine? N'est-
ce pas par le cœur sinon par l'intelligence que
nous péchons surtout aujourd'hui?

En lisant les détails que je viens de donner
sur l'origine et la noblesse de la famille de
Cuers, sur celle de son blason, certains lecteurs,
très estimables, du reste, me trouveront peut-
être puéril, ridicule et rétrograde ; mais je leur
répondrai dès ce moment, ayant toujours eu le
courage de mon opinion en toute chose, que
l'origine de ce que dans les siècles passés on
appelait le corps de la noblesse est des plus

respectable ; que les parchemins ne furent pas toujours un objet de commerce ou d'intrigues, et que quoi qu'on puisse faire, d'ailleurs, il y aura toujours une noblesse, quelles que soient sa forme et la nature de ses priviléges, même dans les milieux sociaux les plus démocratiques. En principe, le citoyen qui sort de la foule, qui se signale par ses services, ses lumières, ses vertus, doit occuper un rang plus élevé que les autres, jouir d'une considération qui rejaillit nécessairement sur sa famille et dont le principal avantage est d'obliger celle-ci à ne pas déchoir. Malheur aux milieux sociaux où rien ne peut distinguer les grands citoyens de leurs membres obscurs ou vulgaires, ils demeurent improgressifs par l'absence d'émulation et sont voués fatalement à la bassesse, à la médiocrité en tout genre. J'aurais bien des arguments à faire valoir en faveur de cette thèse libérale ; mais il me suffira, après l'avoir soulevée ici, de rappeler qu'à Marseille, par exemple, les seules familles commerciales ou financières qui se soient perpétuées pures de tout reproche, sont, peut-être, celles que nos rois eurent la bonne idée d'ennoblir pour services importants rendus à la chose publique.

Quoi qu'il en soit, pendant plus de six cents ans, la famille de Cuers fut certainement à Toulon

2

la plus riche et la plus considérée; mais, en 1793, ayant pris la fuite avec l'élite des habitants pendant la terrible nuit du 27 frimaire, afin d'échapper à la mort que lui réservaient Barras et Fréron, de sanglante mémoire, ses biens furent, pour ce seul fait, confisqués, puis vendus au nom de la nation. Ses papiers, ses titres de propriété cachés dans un lieu qu'elle supposait n'être connu que d'elle, tombèrent dans les mains du nouvel acquéreur, qui se hâta, dit-on, de les détruire. Cette circonstance, en privant les de Cuers des moyens de prouver leur filiation et leurs droits, après le vote de l'indemnité du milliard, les voua à la pauvreté et par suite à l'oubli, dans cette même ville où ils avaient rendu tant de services sous nos rois. Ainsi disparaissent trop souvent les grandes fortunes et les grands noms, surtout dans les pays qui, à l'instar du nôtre, sont sans cesse troublés et compromis par les révolutions. Mieux que les autres, les personnes qui appartiennent à la même génération que moi, savent à quoi s'en tenir sur les inconvénients qui résultent d'un tel état de choses et sur l'abaissement progressif et fatal qu'il entraîne.

Ce fut en 1818, c'est-à-dire, après vingt-cinq ans d'émigration, qu'André de Cuers, père de Raymond, rentra dans sa patrie. Il descendit dans une modeste maison située à cent cinquante pas environ de celle où je suis né, laquelle appartient à ma famille depuis deux siècles (1). Dès son retour, M. de Cuers se hâta de faire établir à la municipalité l'état civil de ses enfants nés sur la terre étrangère ; il ne tarda pas, d'ailleurs, à être porté sur la liste de la marine en qualité de capitaine de frégate, grade qu'il occupait déjà dans la marine espagnole.

Pourtant, en dépit de ce grand voisinage et des sympathies qui existaient entre les deux familles, ma liaison avec Raymond ne commença que plus tard, sur les bancs du collége de Toulon, où nous nous rencontrâmes pour la première fois. Je ne saurais préciser d'une manière exacte le temps que nous avons passé ensemble dans cet établissement ; mais, grâce à certains événements dont le souvenir m'est resté, je crois pouvoir affirmer que ce temps oscille entre 1819 et 1824. Tels furent, parmi les événements auxquels je fais allusion le terrible hiver de 1820, l'assassinat du duc de Berry, la naissance du comte de Chambord, la grande mission des Pères de la Foi, la campagne d'Espagne de 1821, la mort de Napoléon Iᵉʳ sur le rocher de Sainte-Hélène. Ce

(1) Le maréchal Masséna, le célèbre capitaine de vaisseau Infernet et mon grand-père étaient cousins et avaient passé leur première enfance dans cette maison.

temps fut aussi celui des conspirations bonapar-
tistes et carbonaristes qui ne laissaient aucun
repos au gouvernement de Louis XVIII. Comme
aujourd'hui, le mal procédait des sociétés secrètes,
aïeules de l'Internationale moderne ; la Révolution, qui avait repris haleine un instant après la
conspiration de Mallet, s'était remise en marche à
l'arrivée des Bourbons, et bien qu'elle n'eût pas à
sa disposition le suffrage universel, elle sapait sans
répit, par tous les moyens possibles, les bases de la
société, celles surtout de la monarchie. La propagande la plus importante se faisait alors (je ne l'ai
pas oublié) au moyen du colportage de petits
résumés historiques, dont les premières et les
dernières pages traitaient seules du sujet indiqué
par le titre, mais au sein desquels se trouvaient
les idées ou les faits qu'on voulait populariser. J'ai
conservé quelques-uns de ces curieux spécimens
d'opposition secrète que l'Université de cette époque, dont l'évêque d'Hermopolis était le grand
maître, faisait rechercher avec soin et qu'elle finit
par faire saisir. J'en possède un, entre autres,
intitulé : *Résumé de l'histoire de la Perse*, qui
contient la défense de ces publications évidemment hostiles au gouvernement et qui commence
par cette phrase de saint Mathieu : *On n'allume
pas une chandelle pour la mettre sous un boisseau,*

*mais on la met sur un chandelier pour qu'elle
éclaire tous ceux qui sont dans la maison.*

En 1822, et par une magnifique journée de
printemps, nous nous rendions en classe avec
Raymond et un autre de nos camarades nommé
Capelle, lorsque nous nous trouvâmes tout-à-
coup, au détour d'une rue, en présence du sinis-
tre cortége qui conduisait à la mort un capitaine
de l'ex-garde impériale dont le procès venait
d'avoir lieu à Toulon même. Il se nommait
Armand Vallée. Décoré sur le champ de bataille
par Napoléon et pour action d'éclat, il avait fière-
ment avalé son ruban rouge au moment de son
arrêt pour se soustraire à la dégradation juri-
dique. Le bruit courait, d'ailleurs, qu'il était
innocent des crimes qu'on lui imputait, victime
d'agents provocateurs, de faux témoins. Jeune
encore, et d'une belle prestance militaire, il mar-
chait au dernier supplice la tête haute et avec
le plus grand courage. Lorsqu'il passa devant
nous, une bonne femme du peuple s'écria tout-
à-coup en sanglotant et en langue provençale :
« *O pauvre mère qui l'a mis au monde ! ó pauvre enfant qu'on va tuer !* »

Cette exclamation qu'il me semble entendre
encore, le triste spectacle qui l'avait suscitée,
la vue du bourreau qui accompagnait l'infor-
tuné Vallée, m'émurent vivement ainsi que

Capelle. Quant à Raymond, il se contint si bien
qu'il nous parut indifférent; mais le lendemain
il ne vint pas au collége et nous apprîmes qu'il
était malade de l'émotion qu'il avait si bien su
contenir. Ce fut la première fois qu'il me révéla
sa nature mystique et concentrique, sa remarquable fermeté de caractère qui n'excluaient
pas la sensibilité et qui, disons-le bien vite, sont
en général l'apanage des grands cœurs.

On a accusé le gouvernement de Louis XVIII
d'avoir fait de la réaction, mais ce reproche
manque de justesse: attaqué sans répit par une
hostilité flagrante, incessamment mis en péril
par les conspirations, il ne faisait qu'user du
simple droit de défense : et puis, qu'on n'oublie
pas le crime de Louvel, la stupeur qui en résulta
et les craintes qu'il avait fait naître pour l'a-
venir.

Revenons au caractère de Raymond dont je
viens de faire ressortir le trait capital : on a dit
quelquefois que la physionomie est le miroir
de l'âme humaine, et c'est là, selon moi, une
vérité vulgaire. Mais, dans certains cas excep-
tionnels, notamment chez les natures d'élite,
elle peut n'en être que le masque, et c'était
je crois, le cas de mon ami. Dès l'âge le plus
tendre, je l'affirme, le caractère de sa physionomie fut une tristesse mélancolique: même

dans ses moments d'abandon, on en retrouvait invariablement les lignes indélébiles sur son visage. « Qu'il est froid, qu'il est sec! » disaient les uns. « Qu'il est sévère, qu'il est hautain, qu'il est original! » disaient les autres. Il n'était rien de tout cela. Ainsi que l'a dit son nécrologiste, sa grande âme mettait tous ses soins à se faire oublier des hommes.

Peut-être cette âme eut-elle en principe, et dès qu'elle put se connaître, l'intuition des dures et cruelles épreuves qui l'attendaient en ce monde. Qui oserait, en effet, nier d'une manière formelle et absolue la possibilité de ces aspirations, de ces souvenirs vagues et mystérieux, en un mot, de ces avertissements auxquels ont cru et croient encore, en dépit de tous les efforts des matérialistes, les esprits les plus sérieux et les plus élevés, partant les plus conscients?

Une foule de faits probants qu'il serait trop long de citer, dont l'histoire ancienne et moderne fourmillent, démontrent en effet la réalité de ce qu'on nomme le pressentiment, phénomène essentiellement animique, mais dont la production exige aussi une exquise sensibilité cérébrale. Les sensations qui l'amènent, le plus souvent vagues, obscures ou confuses, ne sont pas explicables sans doute; mais l'expérience démontre que le calme, la solitude, le silence de

la nuit et parfois le sommeil lui-même sont les
conditions premières et essentielles de cette
sorte de vue intérieure. En ces circonstances,
l'âme se dégage, dans une certaine mesure, de la
matière organique et s'élève en quelque sorte
au-dessus de celle-ci. Cette doctrine, que je professe avec conviction, n'est, on le comprend, que
le corollaire de celle à laquelle j'ai déjà touché
dans l'avant-propos de cette étude et dont le
principe fondamental est que l'influence divine
ne nous abandonne jamais ; qu'elle est toujours
en nous, qu'elle nous conseille et nous avertit
sans porter atteinte à notre liberté, et qu'enfin
ce mot que j'ai cité, Dieu est en nous, s'il ne
peut être pris dans son acception la plus rigou-
reuse, est cependant vrai jusqu'à un certain
point.

Après avoir fini, comme moi, sa quatrième sous
M. le professeur Gimelli aîné, excellent latiniste
qui vit encore à Toulon dans un âge avancé,
parfaitement sain de corps et d'esprit, Raymond
fut admis en qualité d'élève de troisième classe à
l'École royale de la Marine qui, par une bizar-
rerie assez étrange, se trouvait établie alors, personne ne l'ignore, à Angoulême, à vingt lieues
environ de la mer, mais qui n'a pas fourni à la
France pour cela *que des marins d'eau douce*,
tant s'en faut. Il y resta deux ans, s'y concilia

l'estime de ses chefs, de ses camarades et en sortit élève ou aspirant de deuxième classe. Il fut dirigé alors sur Toulon et embarqué aussitôt sur la corvette d'instruction la *Victorieuse*, que commandait un officier aussi distingué par ses mérites que par sa naissance, M. le comte de Villeneuve-Bargemont, dont la famille a laissé de si précieux souvenirs à Marseille.

Nommé aspirant de première classe en septembre 1828, à peu près au même moment où je devins moi-même interne des Hôpitaux Maritimes, mon ami passa de la *Victorieuse* sur la frégate de 60 canons l'*Iphygénie* que commandait le brave capitaine de vaisseau de Châteauville, puis successivement sur la *Junon*, la *Bayonnaise* et la *Cornélie*.

Il s'était fait embarquer sur cette dernière corvette qui allait prendre station à Cadix, afin de revoir ses parents dans la ligne maternelle qui résidaient toujours au port Sainte-Marie. Un jour qu'il traversait la rade par un très mauvais temps, pour se rendre chez eux, le bateau qu'il montait chavira; l'équipage, les passagers se noyèrent et il échappa seul à ce triste sort. « Il attribua son salut miraculeux (dit son frère M. Thomas de Cuers, dans une lettre que j'ai sous les yeux) à l'intervention de la Vierge Marie, à laquelle sa mère, toute sa

famille et lui-même avaient une dévotion particulière. » Que le miracle ait eu lieu ou non,
c'est ce que je n'ai pas à rechercher ici ; il doit
me suffire, en fidèle historien, de rapporter simplement le fait dont l'exactitude m'a été plusieurs fois certifiée par le capitaine de frégate
Savy du Mondiol, qui commandait alors la *Cornélie* et qui habita longtemps à Toulon la même
maison que moi. En fait de miracles, soyons toujours très réservés.

Nous étions arrivés à la fin de 1829 et nous
touchions à la glorieuse expédition d'Alger ; elle
était décidée en principe, on s'y préparait secrè-
tement dans nos ports, mais on n'en avouait pas
encore l'imminence. De Cuers fit la campagne sur
un navire de flottille nommé le *Lynx*, moi sur la
frégate la *Bellone*, qui s'y couvrit de gloire et
ajouta une belle page de plus aux fastes de notre
brave marine. Il est vrai que nous avions pour
commandant le capitaine de vaisseau Alexandre
Gallois, de légendaire mémoire, que Marseille
s'honorera toujours d'avoir produit.

Revenus à Toulon sous pavillon blanc, nous
dûmes l'amener, dès notre arrivée, et le rempla-
cer par le pavillon tricolore. La Révolution dite
de Juillet venait d'être consommée en dépit de
notre triomphe à Alger, et la branche aînée
des Bourbons s'acheminait vers l'exil.

Ainsi s'était terminée la lutte engagée sous nos yeux, il y avait à peine une douzaine d'années, entre le carbonarisme, le bonapartisme et le gouvernement de la Restauration. Ce coup de théâtre politique se fit au nom de la liberté de conscience et des principes de 89, dont la presse dite libérale et le poète Béranger furent les principaux organes. A cette époque, en effet (tous mes contemporains peuvent l'attester) l'influence et le goût de la chanson ne s'étaient pas encore perdus parmi nous ; ils n'avaient pas encore fait place à ceux du tabac, de l'absinthe, de la bière allemande, et notre chère France, si froide, si triste, si compassée à cette heure, était encore, malgré les récents désastres du premier Empire, la nation la plus vivace, la plus gaie , la plus courtoise, la plus spirituelle du monde.

Lorsque, réfléchissant au régime qui nous avait été imposé au collége, et à divers événements significatifs qui se produisirent sous le règne de Charles X, je recherche les causes qui amenèrent le coup de théâtre de 1830, au beau milieu de notre victoire d'Alger, et qui brusquèrent ainsi la chute d'un gouvernement dont les intentions étaient foncièrement pures et honnêtes, je suis forcé de reconnaître, en dépit de tout, qu'il n'eut ni l'intelligence de sa position scabreuse, ni celle de l'esprit de son siècle. En politique, il y a de ces choses qu'il faut savoir accepter comme des nécessités, des obstacles qu'on doit tourner au lieu de les attaquer de front. Pour la restauration des grands principes sociaux que vingt ans de despotisme républicain et napoléonien avaient affaiblis au milieu de nous, on voulut aller trop vite ; on ne fit pas assez la part de la classe moyenne, si jalouse alors de ses droits ; on se l'aliéna par une hostilité incessante et mal déguisée contre la charte constitutionnelle que le roi Louis XVIII avait octroyée et toujours fidèlement exécutée (il faut lui rendre cette justice), et le jour où cette charte fut violée, la monarchie de la branche aînée des Bourbons tomba comme par l'effet d'un coup de baguette.

Les événements si imprévus de 1830 soumirent Raymond et son père à une. épreuve cruelle. Peu confiants dans le nouvel ordre de choses qui avait surgi, ils pensèrent un instant à quitter la France et à reprendre le chemin de l'Espagne, leur seconde patrie ; mais le capitaine de frégate de Cuers était déjà fort avancé en âge ; de grandes charges de famille pesaient sur lui et j'ai déjà dit qu'il était absolument sans fortune ; il se décida donc à ne pas suivre l'exemple de tant de braves officiers de terre et de mer qui, à cette époque, brisèrent leurs épées, et à prêter serment au gouvernement de Louis-Philippe.

Nommé enseigne de vaisseau, le 30 décembre 1830, de Cuers servit en cette qualité sur les frégates la *Galathée*, l'*Indépendante* et sur le brick l'*Adonis*. Il n'était alors rien moins que dévot, je dois le faire remarquer ici, et il nous l'apprend lui-même dans une de ses lettres à l'abbé Brunello, de Marseille : « J'avais, dit-il, laissé de côté toute pratique religieuse *et peut-être aussi toute croyance;* par moment, je me sentais porté vers des idées chrétiennes, mais elles ne pouvaient aboutir. »

En 1833, Mme de Cuers succomba à une grave maladie; Raymond était en mer lorsque ce triste événement eut lieu. Mme de Cuers, qu'il me semble voir encore, était une noble et digne femme dans toute l'acception du mot; de plus, elle avait toujours eu pour son fils aîné une prédilection particulière. Cette fin prématurée le plongea dans une douleur profonde, il me l'a dit bien souvent.

Deux ans après (1835), ce fut le tour de son vénérable père qui, employé en ce moment comme sous-directeur du port militaire, périt en peu d'heures d'une attaque de choléra. Raymond était encore absent lorsque ce dernier événement arriva. « Je n'étais pas à Toulon, dit-il, dans une de ses lettres, lorsque mon père mourut ;

nous restâmes quatre frères et une sœur orphelins, j'étais l'aîné de tous et le seul qui pût subvenir aux besoins pressants de la famille dont j'étais devenu le chef; aussi s'opéra-t-il en moi, dès ce moment, un immense changement; au milieu de mes peines, de mes angoisses, de mes irrésolutions, je priais, j'entrais parfois dans une église et je demandais à Dieu le courage dont j'avais besoin. »

Cette dernière assertion de mon ami a une grande portée; elle caractérise en quelque sorte le cœur de l'homme. La félicité lui fait oublier Dieu, le malheur l'y ramène; c'est là une loi à laquelle personne n'échappe, pas même les scélérats endurcis. Ils sont donc bien coupables ceux d'entre nous qui s'efforcent, par tous les moyens possibles, d'extirper du sein des masses populaires cette grande et sublime idée, consolation suprême de tous ceux qui souffrent. Ce reproche s'adresse surtout aux faux savants de notre siècle.

Ce qui rendait particulièrement intéressante la position de de Cuers à cette époque, c'est que, d'une part, pour mieux subvenir aux besoins de sa famille et pour gagner le plus possible, il était forcé de naviguer sans cesse et de vivre éloigné de ses frères et sœur, tandis que, d'autre part et pour éviter toute occasion de dépense, il refusait de s'associer aux distractions et aux plaisirs que ses camarades se procuraient en pays étranger. Aussi ces derniers, auxquels il dédaignait de se confier, le considéraient-ils comme un être parcimonieux et insociable.

Quoi qu'il en soit, ce fut dans les conditions morales dont je viens de parler que Raymond de Cuers fut embarqué pour la seconde fois en 1836, comme chef de quart, sur la frégate de 60 canons l'*Iphygénie*, où Son Altesse Royale Monseigneur le Prince de Joinville vint bientôt exercer les mêmes fonctions. Ils visitèrent ensemble l'archipel grec, les ports de l'Asie Mineure et la côte de Syrie d'où le prince et la plupart des officiers de la frégate firent le voyage de Jérusalem. Raymond ne fut pas de la partie; il devait, comme on le verra plus loin, visiter à plusieurs reprises les Saints Lieux, mais dans une position et dans des temps bien différents.

Monseigneur François d'Orléans, sous les ordres duquel de Cuers s'honora toujours d'avoir servi, qu'il n'a jamais oublié depuis et dont il regretta plus tard le long ostracisme, est un habile marin, une nature vraiment libérale et un cœur parfait, à tous les points de vue. Sa perspicacité lui fit comprendre bien vite les motifs qui forçaient *son camarade de Cuers* à s'isoler des autres officiers du bord, à ne jamais quitter la frégate, et ces motifs, il mit une véritable délica-

tesse à les respecter en toute occasion. Juste
appréciateur des aptitudes de Raymond, il ne
tint aucun compte des opinions légitimistes que
mon ami avouait hautement et le traita pendant
toute la campagne avec une estime et une considération qui n'échappèrent à personne. Du
reste, il vient d'en fournir, à quarante ans de
date, une preuve péremptoire en acceptant la
dédicace de ce simple travail biographique.
Combien de princes n'auraient pas eu cette mémoire du cœur !

Dans les parages de Smyrne, l'*Iphygénie* reçut
un coup de vent terrible dont Raymond me
donna plus tard la description en faisant valoir
à mes yeux les mérites du prince comme marin.
Jusque là, on lui avait attribué seulement beaucoup de goût pour la profession que la volonté
de son père lui avait imposée, car nous l'avions
vu s'embarquer en 1831 sur l'*Artémise*, à un âge
où il ne pouvait guère se faire une idée précise
de la carrière maritime et des épreuves qui
attendent ceux qui s'y vouent. Mais dès qu'il fut
arrivé à la simple position de chef de quart, on
put prévoir que, quoique fils de roi, il y avait en
lui toutes les aptitudes qui distinguent le véritable officier de marine.

A l'issue de la campagne, de Cuers fut nommé
lieutenant de vaisseau et resta six mois à terre

pour mettre en ordre ses affaires de famille. Puis il fut embarqué en qualité de second commandant sur la corvette de charge la *Caravane*, sous les ordres de M. Lartigue, capitaine de frégate. Trois mois après, je fus nommé médecin-major de ce batiment qui était attaché au service de la Méditerranée. Ce fut pour nous une grande joie de nous trouver ainsi réunis sur cette mer classique, théâtre de tant d'événements célèbres depuis l'origine de la civilisation.

Pendant quelques mois, nous fûmes employés à des transports de troupes en Corse et en Algérie dont on changeait les garnisons ; mais les différends survenus en 1837-1838, entre la France et le Mexique, ayant pris tout-à-coup une tournure grave, nous reçûmes l'ordre d'aller nous mettre sous les ordres de l'amiral Charles Baudin, chargé d'aller demander réparation à cette république d'outre-mer.

Le 27 septembre 1838, nous nous séparâmes de nos familles et vers trois heures nous mîmes à la voile, le cœur un peu serré, sentiment bien naturel en pareille circonstance. Aux atterrages de Gibraltar et au moment même où nous allions franchir le détroit, nous rencontrâmes la corvette la *Fortune* ayant la même destination que nous et qui nous signala aussitôt qu'elle était forcée de relâcher dans ce port pour rendre les derniers

3

honneurs à son commandant, M. le capitaine de
frégate Launay, qui venait d'être frappé d'apoplexie foudroyante. Nous ne tardâmes pas à
débouquer dans l'Atlantique et, rencontrant bientôt en vue de Ténériffe la zone des vents alisés,
nous nous dirigeâmes sur la Martinique.

Peu de jours avant notre départ, et pendant
que nous faisions nos préparatifs, des rumeurs
sinistres s'étaient répandues dans Toulon ; on
parlait d'une terrible épidémie de fièvre jaune
décimant les équipages de la division française
qui bloquait déjà la Vera-Cruz où nous allions
nous rendre. Une foule d'officiers, de médecins,
etc., avaient succombé, et leurs familles, pour la
plupart toulonnaises, étaient plongées dans la
douleur. De Cuers me dit à ce sujet : « Nous allons
voir sûrement la fièvre jaune; c'est un terrible
fléau : vous êtes-vous muni de quelques bons
ouvrages qui en traitent? » Je lui répondis affir-
mativement; je lui fis connaître, de plus, que
j'avais lu de bonne heure ceux de Bally et de
Pariset, et que j'avais toujours eu le pressentiment, depuis que j'étais entré dans la marine,
que tôt ou tard je me trouverais en présence de
cette peste.

La chose était vraie. A peine étudiant en médecine, j'avais négligé mes études obligatoires pour
me lancer dans l'hygiène et la haute médecine,

qui avaient à mes yeux un intérêt particulier, et j'avais subi souvent pour ce fait les railleries de mes camarades qui, ne comprenant rien à ce goût, me rappelaient très souvent qu'il serait plus sage de ma part de m'occuper de mes examens de scolarité.

Notre traversée dans la région des vents alisés fut des plus ennuyeuses à cause des calmes plats et des chaleurs insolites que nous éprouvâmes. Pourtant, le 28 octobre, un mois après notre départ, nous aperçûmes l'île de la Martinique qui semblait sortir des flots comme une véritable corbeille de verdure. Nous en étions déjà assez près, lorsque je montai sur le pont de la corvette pour saluer la terre. De Cuers, qui était sur le gaillard-d'avant, jouit de ma surprise et me dit aussitôt de cet air sérieux et expressif qui lui était familier : « Pensez donc un peu au bonheur que dut ressentir Christophe Colomb, prisonnier de ses matelots et condamné à mort, lorsque San-Salvador (en prononçant ce mot, il m'indiqua du doigt le nord-ouest) se montra ainsi à ses regards ! » Cette réflexion ne m'étonna nullement. Je savais de longue date que l'illustre et malheureux Génois, l'un des plus purs génies de l'humanité, était le héros de prédilection de Raymond, et qu'il avait aussi en vénération particulière cette noble Isabelle de Castille, dont le souvenir est encore vivant chez les Espagnols, qui fut la protectrice, l'amie fidèle du grand découvreur, et qui dort si glorieusement son dernier sommeil à Grenade dans le palais des rois maures.

Au moment même où nous laissâmes tomber l'ancre à Port-de-France, pour remplir une mission auprès du gouverneur de la Martinique, et aveugler une voie d'eau qui s'était déclarée pendant la route, la fièvre jaune, absente de cette île depuis plus de douze ans, éclatait à l'hôpital de la colonie sur des musiciens du régiment de marine, semblant, en quelque sorte, prouver à la *Caravane* et sans perdre une minute son affinité pour elle. Mais nous ne fîmes pas connaissance avec le fléau dans cette occasion, nous appareillâmes bientôt pour la Vera-Cruz que nous atteignîmes vers la fin d'octobre. Dans cette première partie de notre voyage, je pus apprécier la haute moralité, les sentiments chrétiens de mon ami. Présidant la table des officiers, il s'efforçait avec autant de tact que de convenance de prévenir et même d'empêcher les conversations scabreuses qui parfois surgissaient au milieu de nous. « *N'oubliez pas que nos domestiques nous écoutent et que nos propos sont toujours colportés par eux parmi les matelots.* » Tel était son argument favori et il ne manquait ni de profondeur, ni surtout de justesse. Qui ne

sait, en effet, que l'immoralité procède toujours
de haut; et combien est grande la puissance du
mauvais exemple?

Un autre point non moins important, sous le
rapport maritime, mais qui se rattache aussi à
la morale, attira également mon attention, ce
fut la sollicitude incessante de mon ami pour
les mousses, les novices ou les jeunes matelots
qui faisaient partie de l'équipage; cette sollicitude était véritablement paternelle. Convaincu
que le travail est le meilleur moyen à opposer au
vice, et qu'à ce point de vue, il équivaut souvent
à la prière, il s'attachait sans cesse à combattre
l'oisiveté. Parfaitement d'accord en cela avec
notre commandant, dont la moralité ne laissait
aussi rien à désirer, il réussit à sauvegarder les
bonnes mœurs d'une manière absolue sur la
Caravane pendant toute la durée de sa navigation sous des climats brûlants où les passions
s'exaltent toujours et se traduisent trop souvent
par les plus honteux excès.

Quand un jeune marin avait commis quelque
faute grave contre la discipline ou contre ses
camarades, il le faisait appeler dans sa cabine
située sur le pont, et prenait la peine de lui faire
la morale comme un père. Combien de fois ne
l'ai-je pas trouvé procédant à cette louable

besogne qu'il s'imposait volontairement, car son
devoir n'allait pas jusque là.

Au reste, ce ne fut pas invariablement par
la douceur, la persuasion, qu'il obtint le respect
de la morale; je pourrais, en citant certains faits
caractéristiques, démontrer qu'il savait au besoin
se souvenir du vieil adage : *qui aime bien châtie
bien*, adage dont la source a été sans contredit
cette pensée biblique : « N'écarte pas la correction
du jeune enfant; quand tu l'auras frappé de la
verge, il ne mourra point pour cela, *mais tu
l'auras peut-être sauvé du sépulcre.* » Combien
de fils de famille surmenés, épuisés, vieillis avant
le temps, n'y seraient-ils pas descendus d'une
manière prématurée, au désespoir de leurs parents, si ceux-ci avaient opposé la sévérité à leur
persistance aveugle dans le vice! Qui ne sait qu'il
est une catégorie d'enfants que les châtiments
corporels peuvent seuls dompter? Aujourd'hui
on semble ne plus comprendre cela; les moyens
de rigueur, ressource extrême contre les natures
opiniâtres ou perverses, sont absolument aban-
donnés, au grand dommage de la famille et de la
société. Accorder aux enfants tout ce qu'ils de-
mandent, les soutenir quand même contre leurs
maîtres ou instituteurs, satisfaire à tous leurs
caprices, tel est en France le système d'éducation

le plus généralement adopté, et Dieu sait les fruits funestes qu'il porte.

A l'époque déjà fort éloignée où nous reporte ce récit, les officiers du grand corps de la marine n'étaient pas seulement d'habiles artilleurs, des manœuvriers, des fantassins, mais encore des astronomes, des calculateurs plus ou moins distingués ; les études économiques et philosophiques ne leur étaient pas non plus absolument étrangères. Un grand nombre d'entre eux, dont les goûts étaient moins sérieux mais qui sortaient des premières maisons de France, se faisaient remarquer par leur originalité ou leur esprit primesautier ; ces qualités étaient devenues proverbiales dans les ports de France, où le dicton : *original comme un officier de vaisseau*, surgissait souvent dans la conversation familière.

Il y avait bien dans les états-majors des individus qui passaient leur temps, en dehors du service, à boire, manger, fumer, dormir ou à lire les romans du jour ; mais ils ne formaient qu'une minorité insignifiante qui payait, d'ailleurs, je pourrais le prouver par des exemples nombreux et frappants, un large tribut à *l'apoplexie, aux maladies mentales, à la mort subite, et même à la combustion spontanée.*

L'état-major de la *Caravane* n'était composé

que de six officiers, mais ils étaient instruits,
capables, je l'affirme hautement, et leur entrée
dans la marine avait eu lieu par la bonne
porte, celle de l'École navale. Pendant notre
longue et ennuyeuse traversée de Toulon au
Mexique (environ cinquante jours, s'il m'en
souvient), traversée dont la monotonie ne fut
interrompue qu'un seul instant par la cérémonie
du passage classique du tropique, nous nous
permîmes de discuter quelquefois sur l'économie
sociale, à propos du système de Fourier dont
tout le monde s'occupait en ce moment, du
saint-simonisme qui n'était déjà plus, et dont les
principaux adeptes s'étaient rendus en Orient
pour y chercher, disaient-ils, la femme libre, ce
produit étrange qu'à notre époque ils n'auraient
pas eu besoin, à coup sûr, d'aller quérir si loin
de nous. Le résultat de ces causeries fut constamment favorable au maintien du *statu quo* social.
De Cuers, en particulier, malgré ses grands
soucis domestiques, n'admettait aucune modifi-
cation à l'endroit de la vieille famille de Dieu, à
laquelle s'attaquaient ces systèmes décevants
qui ont pour base le communisme, dont nous
avons recueilli naguère les fruits amers. Certes,
je ne soutiendrais pas ici qu'un fouriériste,
un saint-simonien soient invariablement mal-
honnêtes ou immoraux ; toutefois, je pourrais

prouver que, sans mériter ces qualifications et malgré leur haute intelligence, la plupart de mes amis ou connaissances qui ont persisté dans ces systèmes ont mal vécu et donné de mauvais exemples.

Bien qu'entre les tropiques et par le seul fait de l'habitude, on puisse facilement se blaser sur le spectacle des orages prodigieux qui y éclatent presque journellement sur les magnifiques nuages d'azur, de pourpre et d'or qui y marquent le lever et le coucher du soleil, enfin sur ces nuits splendides et sans égales ailleurs, l'induction de l'existence du sublime artisan de la nature, tirée de la contemplation de son œuvre, s'y présente très souvent à l'esprit du marin, quelles que soient son instruction et sa condition sociale. Comment n'en serait-il pas ainsi, lorsque l'homme s'y sent continuellement sous la main de Dieu, tantôt dans un abordage, tantôt au milieu d'un cyclone, tantôt enfin en face d'une côte hérissée de brisants et qui semble attirer à elle le vaisseau pour le mettre en pièces. Que deviennent, dans ce cas, le courage, la forfanterie, les calculs de la science, l'habileté de la manœuvre ? L'espérance elle-même ne doit-elle pas s'évanouir devant la fatalité qui se dresse horrible, inexorable aux yeux de l'homme de mer?

Oui, je le déclare solennellement ici, j'ai servi, dans ma jeunesse, sur dix-huit navires de guerre de tout rang; j'y ai rencontré des esprits forts, et jamais un athée; c'est avec bonheur que j'avance ici ce fait, que j'ai déjà signalé dans d'autres écrits, pour l'honneur de la marine française, de cette marine qui s'est montrée pendant la funeste invasion de 1870-1871 comme une véritable légion thébaine, et à laquelle je m'honorerai jusqu'à mon dernier jour d'avoir appartenu.

L'aspect de la rade de Vera-Cruz n'a rien de bien attrayant; il est, au contraire, des plus tristes et n'éveille dans l'âme aucune idée agréable ou gaie. En effet, des bancs de récifs madréporiques à fleur d'eau, théâtre. dans la saison dite des vents du Nord, d'innombrables sinistres, s'étendant à perte de vue du côté de l'est vers le Yucatan et bordant la côte ferme à un mille environ de distance, s'offrent d'abord aux regards du voyageur. Vient ensuite l'île plate et d'ailleurs très petite de *Sacrificios*. sur laquelle, au temps de Montézuma, on immolait des victimes humaines; elle sert aujourd'hui de cimetière aux équipages européens et, pour ce fait même, est littéralement couverte de tombeaux et comme hérissée de croix funèbres. Enfin, si ce même voyageur jette les yeux dans la direction du sud, vers le continent américain, il n'aperçoit qu'une côte désolée, aride, dépourvue de végétation, couverte de marécages infects, au milieu desquels a été bâtie la ville de Fernand-Cortez ; j'ai l'avantage de ne la connaître que de vue, n'y ayant jamais mis les pieds, à cause de l'état de guerre. Personne n'ignore, du reste, qu'elle est, pendant la mauvaise saison, un séjour des plus dangereux pour les marins qui viennent y trafiquer ; qu'on y arrive le matin en bonne santé, et qu'on y est quelquefois troussé en peu d'heures par la fièvre jaune, dont elle est le principal foyer.

J'apprendrai, sans aller plus loin et en très peu de mots, aux personnes étrangères à la médecine qui me lisent, ce que c'est que cette fièvre jaune que j'ai déjà nommée plusieurs fois et pour laquelle j'ai dit un peu plus haut que la *Caravane* semblait avoir de l'affinité. Ces personnes pourront, par suite, se faire une juste idée du véritable prix de revient de la cochenille, de l'indigo, du jalap, de la vanille, etc., que nous allons chercher dans ce triste pays contre lequel le gouvernement français a commis la faute d'aller se butter naguère, en dépit d'une première expérience, qui aurait dû suffire.

La fièvre jaune, que les Espagnols appellent le *vomito prieto*, ou le vomissement noir, est une

véritable peste qui règne sur le littoral du golfe
du Mexique, sur celui des Antilles, et qui s'étend
toujours sur le bord de la mer, au nord jusqu'au
Canada, au sud jusqu'au Brésil. Mais, comme
cette peste a aussi l'humeur voyageuse, elle s'est
embarquée bien souvent dans ces parages,
quelque peu déshérités, pour aller faire des appa-
ritions dans l'ancien monde : Cadix, Barcelone,
Malaga, Livourne, Alicante, etc., ont été honorés
de sa visite et sont payés pour ne jamais l'oublier.
Elle est souvent venue frapper aux portes de la
France, qui a eu le bon esprit de les tenir fermées,
si ce n'est dans un seul cas et heureusement,
dans la petite bourgade de Saint-Nazaire en
Loire, d'où elle n'est pas sortie, mais où la
leçon n'a pas été perdue. La fièvre jaune est un
fléau subtilement contagieux, qui se propage au
milieu des populations maritimes par une infi-
nité de moyens différents qu'il serait trop long
de faire connaître ici. Pendant son cours, elle
est marquée par des symptômes effrayants, formidables, que je ne rapporterai pas non plus,
n'ayant pas à faire, dans cette étude, une leçon
de médecine, mais dont le plus grave, sans
contredit, au point de vue du pronostic à porter
sur l'issue, est le vomissement de matières
semblables à du chocolat, du marc de café ou
de la suie délayée. Cette affreuse maladie peut,

dans certains cas, tuer en vingt-quatre ou quarante-huit heures; mais, en général, c'est du
troisième au huitième jour qu'elle cadavérise son
homme. Enfin, c'est sur les plus vigoureux et les
plus solidement constitués qu'elle semble s'a-
charner de préférence.

Quelques jours après notre arrivée sur la rade
de *Sacrificios* (de Vera-Cruz) ou nous eûmes le
splendide spectacle du bombardement du château de Saint-Jean-d'Ulloa, bâti sur l'un des
bancs madréporiques dont j'ai parlé. Les frégates
la *Néréide*, l'*Iphygénie*, la *Gloire*, la corvette
la *Créole*, les bombardes le *Vulcain* et le *Cy-
clope*, prirent seules part au combat; quant aux
navires de flottille ou de charge, au nombre de
21. ils se tinrent à distance, et durent se con-
tenter du coup-d'œil.

Le feu fut ouvert vers trois heures du soir, au
cri de : « Vive le Roi ! » poussé en masse et avec
une sorte de frénésie par les équipages électrisés;
mais l'enthousiasme fut à son comble, lorsqu'une
de nos bombes mit le feu à la poudrière de la
forteresse. Un mousse ou un novice de la frégate
la *Gloire*, qui venait d'être blessé à mort, se
releva en entendant ces cris, eut encore la force
d'y joindre les siens en expirant. Le fait m'a
été dans le temps raconté par M. Ferré, chirurgien en chef de la division navale.

Dans cette première affaire, Monseigneur le prince de Joinville se montra à la hauteur de son illustre origine par son courage et par l'habileté de sa manœuvre, car il dut combattre sous voiles, la *Créole*, qu'il montait, étant trop petite pour se mettre en ligne avec les frégates. Mais sa bravoure parut dans tout son éclat aux yeux de nos équipages, lorsque, quelques jours après la capitulation de Saint-Jean-d'Ulloa, qui eut lieu dès le lendemain, l'amiral Baudin entra par surprise, à trois heures du matin, à Vera-Cruz même, après en avoir fait sauter les portes, et en opéra le désarmement complet. Je n'entrerai pas dans le détail de cette dernière opération, n'ayant aucune qualité pour faire l'histoire de cette brillante expédition ; mais, on avouera que je ne pouvais qu'évoquer dans ce modeste travail le souvenir de faits d'armes si glorieux et qui, datant déjà de trente-six ans, peuvent ne pas être connus de tous mes lecteurs.

Après ces événements, l'amiral pensa à prendre ses quartiers d'hiver, car la saison du Nord commençait. L'ordre de le suivre, avec le reste de l'escadre, au mouillage d'Antonio-Lizardo, situé à quelque distance dans l'est, nous parvint à *Sacrificios*, où nous étions toujours, et je n'ai jamais oublié que le jour où cet ordre nous arriva, j'étais descendu dans l'île avec

de Cuers, accompagné d'un domestique, afin
de donner quelques soins à une tombe qui y
avait droit à tous égards : c'était celle d'un
ami commun, M. Lecoat de Saint-Haouen, lieutenant de vaisseau, mon ancien commandant
à bord de la *Marne*, officier très estimé, plein
d'avenir, remarquable par son esprit aimable et
humoristique. Il avait été frappé par la fièvre
jaune pendant le blocus qui avait précédé l'expédition de Vera-Cruz. Les tourlourous, crus-
tacés carnassiers qui pullulent dans ces parages,
avaient envahi sa sépulture, et c'était en vue de
l'en débarrasser que nous avions fait pieuse-
ment, mais en pure perte, cette petite expédition.
Il est bien triste de finir ainsi, surtout lorsqu'on
est soutien de famille (M. de Saint-Haouen était
celui de sa mère et de sa sœur) et d'être enseveli
dans le sable, à plus de 2,000 lieues de sa patrie et
de ses amis ; mais cette destinée, si dure qu'elle
puisse être, n'est-elle pas encore bien préférable
à celle qui attendait nos marins de la *Caravane*,
sur lesquels la mort planait déjà et qui n'eurent
pour tombeau, comme on va le voir, que le
ventre des requins dévorants et affamés ?

Quand nous rentrâmes à bord, Raymond et
moi étions visiblement attristés et mélancoli-
ques. Sans doute le souvenir de sa famille et
des dangers qu'elle courait en sa personne s'était

représenté à son esprit; il dut y penser comme je pensais moi-même à ma mère dont j'étais l'unique enfant. Mais, à coup sûr, ce ne fut pas la crainte même de la mort qui put nous influencer, car nous avions tous les deux, et de longue date, le culte des tombeaux. Sur l'île même, de Cuers m'avait dit, en me montrant celui du pauvre Saint-Haonen : « Voilà notre dernier lit, notre dernière couche ; mais, n'y a-t-il pas au-delà le réveil et l'espérance ? » Je trouve la pensée de mon ami très supérieure à celle qu'à exprimée Young dans ses *Nuits* sur le même sujet, lorsque interpellant directement Dieu, il lui dit avec une sorte de familiarité brutale : « Donne-moi l'éternité ou reprends-moi la pensée ; elle ne m'était pas nécessaire, pour végéter ici-bas et être ensuite anéanti..... »

Quelques jours après la conclusion des opérations militaires, une partie de la division appareilla pour rentrer en France par la Havane et le détroit de Bahama ; l'*Iphygénie* et la *Créole* furent au nombre des navires qui nous quittèrent. Le reste ne tarda pas à venir nous joindre à Antonio-Lizardo. La *Caravane* y resta jusqu'à la mi-février, époque où elle reçut l'ordre d'aller à Saint-Jean-d'Ulloa, embarquer, comme lest, des boulets et des canons faisant partie de l'armement de ce château ; de recevoir, comme passa-

gers, une foule de Français, chassés du Mexique
avec leurs familles, pendant les événements :
enfin, d'appareiller pour la Martinique et d'y
prendre 400 soldats de marine, qu'elle devait
ramener à la Vera-Cruz, en vue d'opérations
ultérieures. Mais, ainsi qu'on va le voir, ce programme officiel ne fut réalisé qu'en partie. Dès
ce moment, en effet, la *Caravane* allait à ses
destinées providentielles; c'était sur elle, sur
nous, que la grande cause suprême qui dirige et
règle tout dans la nature, quoi qu'en puissent
dire les déterministes et les positivistes, avait
jeté les yeux pour démontrer le vide d'une doctrine médicale fallacieuse, décevante, homicide,
fruit de l'esprit de système qui compromettait
sans cesse les populations européennes, au détri-
ment de la vérité et de la raison. La publication
de cette étude biographique et philosophique
achèvera d'enterrer cette doctrine, au moment
même où elle s'efforce de relever la tête et de
s'imposer encore par la négation de l'histoire et
par le mensonge. La mémoire vénérée de mon
saint ami, qui a été véritablement de moitié
dans le premier démenti qu'elle reçut, il y a
trente-sept ans, à bord de la *Caravane*, lui
donnera le coup de grâce et la confondra pour
toujours. Puisse le récit de nos malheurs, dépouillé de tout caractère médical, prouver, une

4

fois de plus, que la Providence, qui permet quelquefois le mal pour réaliser le bien, ne recule pas dans ce but devant les hécatombes humaines, lorsqu'elle veut sauver sa créature privilégiée des conséquences funestes de l'erreur fille du libre arbitre dont il l'a douée.

Avant de nous engager dans le détroit de Bahama, nous débarquâmes à la Havane tous nos passagers, parmi lesquels se trouvaient quelques convalescents de l'escadre et notamment M. de Miniac, aujourd'hui capitaine de vaisseau en retraite, et qui, à la suite d'un coup de feu, venait de perdre un pied. J'amuserais beaucoup mes lecteurs si je mentionnais ici toutes les mesures que prit de Cuers pour assurer pendant la traversée que nous venions de faire, le règne des bonnes mœurs, que la présence de tant de femmes pouvait compromettre. Mais je ne saurais le faire pour plusieurs motifs. Je ne dirai rien non plus du peu d'encouragement que trouva chez lui un de nos passagers, négociant français, expulsé de Mexico, qui s'était mis en tête de faire des expériences de magnétisme animal sur des dames dont il était particulièrement connu. Raymond savait comme moi que ces expériences ne sont le plus souvent qu'un moyen qu'exploite l'immoralité en tout genre, et il ne donna pas comme on dit vulgairement, dans le panneau.

A notre arrivée à Fort-Royal (Martinique), qui eut lieu à la fin de mars, nous trouvâmes ce port dans la situation la plus déplorable ; un tremblement de terre l'avait presque ruiné, et la fièvre jaune qui y avait éclaté en octobre dernier, au moment même de notre passage, y avait pris la forme épidémique, c'est-à-dire, une grande extension. Beaucoup de médecins étaient malades, plusieurs étaient déjà morts ; et dès que nous eûmes jeté l'ancre sur rade, je dus donner mes soins au docteur Duval, depuis professeur des écoles navales, et me charger à sa place du service de santé de six ou sept bâtiments de guerre qui se trouvaient sur rade au dépourvu de tout secours médical. Ce fut donc en cette occasion que je fis connaissance pour la première fois avec le fléau des Antilles ; car je ne dois pas faire entrer en ligne de compte, sous ce rapport, des cas isolés que j'avais pu voir en passant à Saint-Jean-d'Ulloa où j'étais descendu quelquefois.

Après en avoir conféré avec de Cuers et sous l'approbation tacite du commandant, à qui j'avais laissé pressentir ma démarche, je crus devoir, dans l'intérêt de notre malheureux équipage, jusqu'alors plein de vigueur et de santé, adresser quelques observations au Conseil de santé colonial sur les dangers du transport de troupes projeté. Mais ces observations ne furent pas et ne pouvaient pas être écoutées à cause des ordres formels de l'amiral Baudin ; en les présentant, je ne fis donc que satisfaire à ma conscience.

Finalement, le 14 avril, on nous jeta à bord deux cents soldats; nous nous rendîmes aussitôt à Saint-Pierre, ville voisine, où nous en prîmes encore une centaine ; puis nous appareillâmes pour la Basse Terre (Guadeloupe) où le nombre exigé par l'amiral Baudin fut complété sur le champ. Cette opération terminée, nous remîmes en mer, nous dirigeant à l'ouest, c'est-à-dire, vers Vera-Crux, mais en faisant très peu de route à cause du calme.

A cette époque de l'année, la chaleur commence à être très forte dans le golfe du Mexique, et on admettra volontiers qu'elle devait être accablante à bord d'un navire inférieur, dont l'équipage se trouvait porté tout-à-coup, par le fait de l'embarquement des soldats, à cinq cent quarante-deux hommes. De plus, en dépit de toutes les mesures d'hygiène, à l'exécution desquelles le commandant, de Cuers et moi, mais surtout ce dernier, veillions sans répit, l'impureté de l'air se trahissait à chaque instant

par d'affreuses odeurs, qui me rappelaient celles
des bagnes flottants de Toulon, au service médical duquel j'avais été naguère attaché.

Nous étions encore en vue de la Guadeloupe,
lorsqu'un des soldats que nous avions pris à
Fort-de-France tomba malade ; il mourut en
quarante-huit heures, et son décès fut bientôt
suivi de celui d'un de ses camarades.

Je ne crus pas, tout d'abord, à l'invasion de
la fièvre jaune, parce que ses symptômes caractéristiques n'étaient pas nettement accusés ; mais
un de mes amis et compatriote, M. Giraud, commissaire de la corvette, ayant peu de jours après
succombé à une maladie d'autant plus suspecte
qu'il disait lui-même en avoir puisé le germe en
faisant l'inventaire officiel des objets laissés par
les deux militaires dont il s'agit, je demandai et
obtins de faire l'autopsie de son corps, véritable
problème à résoudre, dans l'état d'encombre-
ment où nous nous trouvions. Elle eut lieu sur
le pont, à ciel ouvert, dans un entourage en toile
préparé, *ad hoc*, par les soins de de Cuers, qui
assista lui-même courageusement à cette opération, et à partir de ce moment, il n'y eut plus de
doutes à conserver. On plaça ensuite les restes
mortels de notre compagnon dans un cercueil; le
commandant ordonna aux officiers et aux matelots de se découvrir, un coup de canon fut tiré,

et la bière fut lancée à la mer, sépulture ordinaire du marin. Malheureusement, son couvercle s'étant décloué ou décroché, une multitude de requins fondirent aussitôt sur le cadavre et le dévorèrent sous nos yeux, spectacle qui suscita en nous de tristes réflexions.

Ce fut à partir de ce jour funeste que Raymond de Cuers cumula avec ses fonctions de second capitaine de la *Caravane* celles d'infirmier en chef, de surveillant général et d'entrepreneur des pompes funèbres; ne cessant pas, jusqu'à la fin de la campagne, de justifier cette note que lui donna depuis le commandant Lartigue:

« M. de Cuers est un officier distingué; il soutient sa famille et élève ses frères; pendant l'épidémie, il s'est tenu sans cesse au milieu des malades. Privé de maîtres et de quartiers-maîtres, qui étaient presque tous malades ou morts, il s'est occupé dans les plus petits détails possibles de tout ce qui concernait l'ordre et la propreté de la corvette encombrée de nombreux malades. C'est lui qui a le plus mérité dans cette triste occurrence. »

Oui, je suis heureux de le dire ici et la main sur la conscience, ce jugement du commandant Lartigue est des plus justes. De Cuers fut, en quelque sorte, l'âme de l'hygiène pendant les sinistres événements que j'ai commencé à raconter. Sa tâche était bien plus ingrate que la mienne, car je n'avais qu'à m'occuper de mes malades, tandis que ses journées se passaient tout entières à faire exécuter les mesures les plus difficiles et les plus dangereuses qui, si elles furent sans résultat ou à peu près, sauvèrent, du moins, de la démoralisation notre malheureux équipage.

A la hauteur de Saint-Domingue et en vue de ses côtes, une de ces frégates légères, que les Anglais employaient à cette époque dans le golfe du Mexique pour empêcher la traite des nègres, le *Rover*, nous ayant donné, peu de jours après la mort de M. Giraud, la nouvelle de la solution définitive des affaires du Mexique, nous fîmes route, dès ce moment, sur le port de la Havane, où nous arrivâmes bientôt, après avoir eu depuis notre départ de la Guadeloupe onze cas de fièvre jaune confirmée. Là, j'envoyai à l'hôpital tous les malades qui restaient en traitement, on transborda deux cent quatre-vingts passagers sur un grand trois-mâts américain, que le consul général de France, M. Mollien, avait frété *ad hoc*, puis nous assainîmes et purifiâmes la *Caravane* le mieux possible, et finîmes par en faire un modèle de propreté au moyen des mesures les plus minutieuses. Après avoir fait nos remplacements en vivres, en médicaments ou ustensiles néces-

saires au service de santé, nous levâmes l'ancre
et nous enfilâmes pour la dernière fois le détroit
de Bahama, au débouquement duquel nous fîmes
route sur Brest.

Pendant tout le temps que je venais de passer
dans le port si malsain de la Havane, j'avais
fait une étude pratique très fructueuse de la
fièvre jaune, sous la direction de mon excellent ami M. Bellot, médecin français établi dans
ce port depuis la chûte du premier Empire,
et qui possédait à *la Règla*, en face de la ville,
une maison de santé où étaient reçus en tout
temps les marins européens. J'étais jeune alors,
je n'avais que vingt-huit ans, et si, au lieu
d'aller perdre mon temps dans les cafés et les
spectacles en ville, je me résignai à passer tout
mon temps dans ces établissements, je le dus
encore aux conseils de de Cuers, qui était venu
dans d'autres occasions à la Havane, et connaissait
de réputation M. Bellot, lequel se vantait alors
de ne perdre que sept malades sur cent de la
fièvre jaune. A l'exception d'une promenade
que je fis en voiture au *Paseo-Tacon* et d'une
visite que je fis dans la cathédrale, au tombeau
de l'immortel Gênois qui y est enterré à la droite
du maître-autel, je ne descendis jamais en ville,
et mon zèle médical fut si bien apprécié de
mon savant et honorable confrère qu'il eut un

instant la pensée de m'engager à quitter le service et de m'attacher, à d'excellentes conditions, à son établissement. Mais, je le répète, la Providence en avait décidé autrement.

Je dois ajouter aussi que, peu de jours avant notre départ pour Brest, nous rendîmes les derniers devoirs, à *la Règla*, à l'un de nos plus jeunes compagnons qui mourut de la fièvre jaune dans la maison de santé de M. Bellot, à qui je l'avais confié à mon arrivée ; il se nommait Proutières et était élève de première classe chargé de quart. Après un si long intervalle, je suis heureux de lui donner un pieux souvenir et de citer son nom. Comme il était très bon musicien et jouait fort bien de la harpe, instrument assez peu usité à bord des vaisseaux, Raymond me dit tristement le soir, quand nous rentrâmes à bord et en me la montrant : « *Voilà la harpe désormais muette.* » Le défunt appartenait à une honorable famille de Normandie. Puisse mon petit travail arriver sous ses yeux !

J'ai déjà parlé, au commencement de mon étude, de la sensibilité en quelque sorte concentrique de de Cuers, qui se dérobait si souvent à l'observation de ses camarades ou amis ; mais dans une circonstance toute récente, j'avais pu voir une exception à la règle. Avant notre entrée à la Havane, un de nos mousses avait été

atteint de cette forme de la fièvre jaune, dans
laquelle les facultés intellectuelles et affectives
se conservent intactes jusqu'à l'agonie ; nous
nous étions arrêtés près de lui (car il était rare
alors que nous ne fussions pas ensemble) et
nous nous efforcions de l'encourager et de le
tromper sur la gravité de son état ; mais il de-
meurait silencieux, ne paraissant prêter à nos
paroles aucune attention, comme quelqu'un qui
est absorbé par une idée fixe, ou qui subit la
pression impérieuse d'un souvenir. Tout-à-coup
sa physionomie s'anima, ses traits prirent une
expression indicible de douleur : « *O ma mère,*
s'écria-t-il en provençal, *je ne te verrai donc
plus ; mais toi, tu n'oublieras jamais, j'en suis
bien sûr, ton pauvre petit que tu aimais tant, tu
penseras toujours à lui !* »

En entendant ces mots, nous nous sentîmes
émus ; des larmes mouillèrent mes yeux, et mon
ami ne put me cacher les siennes. Le soir même,
le pauvre petit mousse, qui avait été attaché au
service de notre défunt commissaire et avait pris
de lui la fièvre jaune, n'était plus (1).

J'avais espéré, en quittant la Havane sans malades, que le changement d'atmosphère et les

(1) Si ma mémoire ne me fait pas défaut, il se nommait
Toustens et était natif de Saint-Tropez (Var).

précautions hygiéniques qui avaient été mises en œuvre nous auraient débarrassés complètement du mal. Mes prévisions, ou plutôt mes vœux, ne se réalisèrent pas; dès le 5 mai, plusieurs nouveaux cas surgirent; ils furent suivis bientôt de vingt-neuf autres, offrant les symptômes les plus redoutables de la maladie. Vainement franchîmes-nous le tropique et fîmes-nous beaucoup de chemin dans le nord, vainement la température s'abaissa-t-elle jusqu'à 12° du thermomètre de Réaumur. poussés vers Brest avec une vitesse d'environ 60 lieues par jour, nous voyions avec surprise qu'en dépit de toutes les théories en vigueur à cette époque, la fièvre jaune, non-seulement ne cessait pas, mais encore que le changement de climat ne diminuait en rien la gravité et la subtilité de son principe contagieux.

En me faisant ses adieux, M. Bellot m'avait dit, après avoir examiné attentivement mon visage, mon pouls et ma langue : « *Mon cher ami, soignez-vous, vous êtes menacé; j'aime mieux vous effrayer un peu en vous donnant cet avertissement.* » Je n'en tins pas compte; mais je ne tardai pas à en vérifier la justesse. Fatigué, surmené physiquement et moralement par une lutte de plus d'un mois contre l'affreux fléau, et succombant à la plus écrasante responsabilité qui puisse incomber à un jeune médecin, je tombai malade vers le milieu de mai et je dus laisser pendant huit ou dix jours à mon second, M. le Dr Walter, aujourd'hui médecin en chef de la marine, adjoint à l'inspection générale, la direction de mes malades. Une éruption de furoncles me sauva la vie. Quant à de Cuers, en dépit de ses fatigues excessives et de son séjour à peu près incessant à l'hôpital du bord, il résista à la contagion; peut-être y était-il complètement réfractaire, avantage dont semblent jouir certains individus. Pendant ma courte, mais dangereuse maladie, il venait me voir à chaque instant et ne cessait pas d'avoir l'œil sur moi. Lorsque je réglai avec lui mes dernières dispositions, vers le deuxième jour, il m'encouragea beaucoup, parce qu'il savait que j'étais en danger, et que si, du troisième au cinquième jour, je devenais jaune, mon procès avec la peste américaine serait perdu. Enfin, pendant ma convalescence, il voulut absolument partager avec moi le logement dont il disposait sous la dunette, partie la plus aérée du vaisseau, charité qui pouvait lui coûter cher. Cette bonne action et une foule d'autres du même genre, arrivées depuis à ma connaissance, justifient ce passage d'une lettre qu'écrivait en 1872 le capitaine de frégate De Plas, ancien camarade d'école de Raymond, entré comme lui dans les ordres : « *La vie de de Cuers fut toujours pleine de dévouement et de dévorante charité, il aimait surtout à se dévouer aux malades.* »

Du 22 mai au 20 juin, quarante-cinq nouveaux cas de fièvre jaune, tous fort graves, se développèrent encore parmi nous, et il faudrait beaucoup d'espace pour raconter toutes les scènes déchirantes, tous les épisodes dramatiques ou émouvants dont notre corvette fut le théâtre. Un de mes malades, maître de manœuvre, nommé Audibert, eut, entre autres, une agonie des plus effrayantes, pendant laquelle, me prenant particulièrement à partie, il me menaçait de la vengeance divine, parce que j'étais cause, disait-il, qu'il mourait de faim, surtout de soif, et qu'il allait être jeté à la mer sans confession préalable (1). Un autre de nos malades, qui était couché près d'un sabord, d'où il pouvait voir la mer, y apercevant dans son délire une prairie verdoyante et émaillée, finit par s'y précipiter et disparut ainsi du bord : c'était, je m'en souviens, un clairon du régiment de marine. Enfin, trois vigoureux matelots, de Cuers et moi eûmes toutes les peines du monde à empêcher le cuisinier de l'équipage, nommé Rochette, de suivre la même

(1) A cette époque, on n'avait pas encore rétabli l'aumônerie maritime.

route. Je rappellerai, en passant, que cet homme
a pu guérir, après avoir vomi noir, ce qui cons-
titue un cas des plus rares ; je l'ai revu depuis.

En ce moment, la position de la *Caravane*
devint réellement désastreuse ; nous étions à peu
près à la hauteur des Açores ; tout l'équipage
était malade ou en convalescence, et sans le secours de quelques passagers que nous avions
gardés à bord et qui avaient déjà payé leur tribut
à la fièvre jaune aux Colonies, nous serions
allés en dérive sur l'Océan. Pour comble de
malheur, nous n'avions plus ni vivres, ni médicaments ; nous nous trouvions en un mot absolument sans aucune ressource ; aussi notre
commandant eut-il un instant l'idée de relâcher
aux Açores ; mais, après mûre réflexion, il jugea
que le meilleur parti à prendre était de continuer
sa route sur Brest, où nous poussaient, avec
une vitesse de 60 à 70 lieues par jour (je l'ai
déjà dit), des vents favorables et bien établis.
L'événement justifia, en effet, cette détermination. Le 21 juin, la côte de Bretagne s'offrit à nos
regards à travers la brume ; bientôt nous don-
nâmes dans le goulet de Brest, et vers deux
heures de relevée, nous jetâmes l'ancre devant
cette ville. Bien des cœurs palpitèrent au bruit
que fit cet engin en tombant à la mer, et beaucoup d'entre nous durent remercier Dieu inté-

rieurement. Depuis deux mois que la peste américaine sévissait sur la *Caravane*, elle avait frappé
cent vingt-trois marins (je ne parle pas des soldats);
sur ce nombre, soixante-sept avaient pu guérir,
tandis que trente-trois autres avaient trouvé leur
sépulture au milieu des flots. Puisse l'Eternel
leur avoir fait miséricorde, et puisse-t-il me la
faire à moi-même quand mon heure aura sonné,
si, en dépit de tous mes efforts, je ne me suis pas
élevé, dans cette funeste occurrence, vu ma jeunesse et mon inexpérience de la fièvre jaune, à
la hauteur de la tâche humanitaire qui m'était
incombée, de la responsabilité qui pesait sur
moi. L'expérience de la *Caravane* fut en effet
complète; c'était, je l'ai déjà dit, avec une conviction profonde dans divers passages de cette
étude, le premier coup que la Providence as-
sénait à la fausse doctrine de l'anticontagionisme,
que Paris, cette grande fabrique du faux en tout
genre, avait imposé à la province. Cette expérience, *criterium* de la pratique et de la bonne foi
de quelques novateurs, remit en lumière le
danger des libres communications avec l'Amé-
rique; la nécessité des quarantaines contre les
provenances du golfe du Mexique, le caractère
décevant des limites géographiques imposées à
la fièvre jaune, son aptitude à se manifester
partout où elle est importée par des malades ou

par des effets à leur usage. Enfin, la même épidémie finit par me servir personnellement à découvrir, en *quelque sorte à mon insu*, les procédés physiques en vertu desquels les miasmes morbides s'accumulent dans la cale des vaisseaux, les caves ou autres lieux profonds, et y adhèrent avec persévérance. Je n'ai su, en effet, que plus de trente ans après et de la bouche du savant et regrettable président de l'Académie de Marseille, M. le comte Henri de Villeneuve-Flayosc, ancien ingénieur des mines, « que dans les démonstrations contagionistes auxquelles je m'étais livré à mon retour du Mexique, on retrouvait la théorie incontestable des vapeurs condensées, la loi de formation de la rosée des vapeurs miasmatiques, *et que mon sens droit avait fait à bord de la Caravane* cette importante découverte de physique médicale, à l'heure même où Thénard trouvait cette solution scientifique dans les hôpitaux de Paris. » (1).

Certes, si j'ai pu faire, sans m'en douter, la découverte que m'attribue M. de Villeneuve (ce

---

(1) On trouvera la preuve de ce fait : 1° Dans un mémoire que j'ai adressé en 1840 à la Société de médecine de Bordeaux et qui fut inséré alors dans le journal de cette Société ; 2° dans ma thèse inaugurale ; 3° dans mon histoire de la question sanitaire. Du reste, je m'occuperai incessamment de sa démonstration.

qui est d'ailleurs facile à vérifier), si je ne l'ai
due qu'à mon intuition, si je l'ai presque ignorée
moi-même pendant plus de trente ans, et n'en ai
jamais fait le moindre bruit, si je n'ai dû enfin
qu'à la conscience d'un ami la revendication publique qu'il en a faite en ma faveur, en février
1873; si toutes ces circonstances, dis-je, sont
exactes, ne dois-je pas considérer comme provi-
dentiel le fait dont il s'agit? Que les déterministes,
les sceptiques qui ont perdu la France et la mè-
nent à sa perte par l'athéisme, lèvent les épaules
de pitié tant qu'ils le voudront en lisant ces derniers mots, je n'en répèterai pas moins, avec une
conviction inébranlable, que les causes finales
existent et que Dieu n'a pas abandonné son œuvre
à un destin aveugle, comme ils cherchent à le
démontrer. La conservation des espèces vivantes,
celle surtout du genre humain, sont soumises à
des règles patentes, qu'il a lui-même posées, et à
l'exécution desquelles il veille sans cesse comme
l'enseignait si clairement l'illustre Newton, qui
valait un peu mieux à lui seul que toutes les
écoles déterministes anciennes et modernes.
Ne suffit-il, pas pour comprendre la réalité de
cette action incessante, perpétuelle de la grande
puissance suprême et infinie, de s'arrêter quelques instants, par exemple, sur la loi qui régit,
dans la nature, les naissances et les morts,

et par laquelle sont neutralisées, dans leurs funestes effets, les pestes, la guerre, la famine, et même le célibat, fruits du libre arbitre humain. Oui, dans le monde tout a été prévu, et cette prévision existe pour l'atome microscopique qui s'agite dans le rayon de lumière, aussi bien que pour l'avalanche qui semble se précipiter par hasard des flancs de la montagne. Quant aux règnes sidéral et organique, c'est surtout en eux que Dieu se fait admirer et révérer par l'observateur éclairé et sincère.

Je n'ignore pas que mes convictions *intransigeantes*, en matière de spiritualisme, convictions qui étaient aussi celles de de Cuers, m'ont créé, au collége de France et dans l'école de Paris, d'ardentes hostilités, qui, dans ces derniers temps, au vu et au su de tous les médecins, se sont traduites par les faits les plus graves et n'ont pas même reculé devant la calomnie, l'altération de l'histoire; je n'ignore pas non plus qu'on voudrait bien me voir descendre de la chaire, où je professe les grands principes de la médecine traditionnelle en si parfaite harmonie avec ceux de la morale sociale, et cela tout simplement parce que j'ai osé dire qu'un expérimentateur célèbre n'était qu'un pauvre philosophe... *Mais, je ne m'inquiète guère de tous les coups d'épingle qu'on m'adresse,* et rien ne me fera reculer dans la voie

où je suis entré comme citoyen, comme médecin,
et devant l'accomplissement de ce que je regarde
comme un devoir sacré. Au moment même où
la science moderne proteste hypocritement de
son respect pour la liberté de la chaire, pour
celle de la pensée, pour celle de la conscience,
je m'estimerais heureux d'être frappé par elle
pour le seul fait de mon spiritualisme que l'on
rapporte volontiers à un ramollissement cérébral
dont on me dit atteint, et dont furent toujours
exempts les hommes de mon époque, grands
appréciateurs de l'adage : *Mens sana in corpore
sano.* Mais aujourd'hui ne suffit-il pas pour justifier la qualification de *ramolli*, de croire en
Dieu, et de ne pas admettre l'intelligence de la
matière ou sa spontanéité ?

J'achève maintenant et en peu de lignes
l'histoire de la *Caravane* et de son épidémie
fatidique, sur laquelle le monde savant commence à revenir après une longue indifférence,
et à propos de laquelle un de mes plus distingués
confrères de la marine a bien voulu m'écrire, il
y a quelques jours, en m'envoyant un de ses ouvrages, *qu'en en publiant les détails, j'avais été le
porte-drapeau de la saine doctrine sanitaire* (1).

---

(1) La *Caravane* après avoir été le théâtre d'autres épi-
démies de fièvre jaune, est allée finir son existence, comme
vaisseau-hôpital, dans la rivière du Gabon (Sénégal).

Le 25 juillet, après 35 jours de séquestration au Lazaret de Trébéron (rade de Brest), nous fûmes admis à la libre pratique; certes, nous étions fatigués au moral comme au physique et nous avions tous besoin, officiers, marins et soldats, d'aller nous retremper au sein de nos familles. Du reste, il est de mon devoir de le dire ici pour être juste, notre équipage, composé en grande partie de jeunes gens tirés des quartiers maritimes de la Provence, du Languedoc et de la Corse, ne se laissa jamais démoraliser pendant cette lutte de trois mois environ, contre le fléau des Antilles; au contraire, il se raidit contre lui avec un zèle, un courage, un dévouement au-dessus de tout éloge; *les preuves que s'en donnèrent entre eux ces hommes simples, illettrés, mais foncièrement intelligents et bons, mirent en lumière à nos yeux cette grande vérité, que le cœur se passe plus souvent et plus facilement de culture que l'esprit.*

Débarqué très vite et sur sa demande, peu de jours après notre entrée à Brest, très impatient de rentrer à Toulon, à cause de sa famille qui était restée sous la direction de sa sœur fort jeune encore, Raymond prit congé de moi dès qu'il eut obtenn son congé. La veille du jour où il partit, étant entré par hasard dans la Cathédrale de Brest, en me rendant à l'Hôpital, je le trouvai dans l'attitude de quelqu'un qui médite ou qui prie. Peut-être remerciait-il Dieu de l'avoir conservé aux pauvres orphelins, dont il était le soutien. Il se leva de sa chaise lorsqu'il me vit et, après m'avoir demandé par quel hasard nous nous rencontrions dans ce lieu, il me conduisit derrière le maître-autel où il me fit voir le tombeau du capitaine Du Couëdic Kergoualer, aïeul de l'un de nos amis communs et qui, après le magnifique combat de la *Surveillante*, mourut de ses blessures en rentrant à Brest. La reconnaissance du roi lui a octroyé cette honorable sépulture dans une église dédiée à Saint-Louis, et dans le premier port maritime de France. Lorsqu'on estime comme moi, que la mort n'est que la porte de la vie, on comprend tout le prix de cette faveur suprême accordée à un brave officier.

A cette époque, de Cuers était-il rentré dans l'orthodoxie catholique dont il s'était éloigné de son propre aveu? Aucune remarque, aucune observation, à part notre rencontre à l'église Saint-Louis, ne peut me le faire penser; en dépit des sacrifices, des privations de tout genre qu'il s'imposait dans le seul intérêt des siens, dont il ne parlait jamais. Du reste, rien ne décélait encore chez lui le prêtre, le religieux qui devait achever une vie toujours agitée, quoique

résignée, dans la solitude, la prière et l'adoration. Mais on ne peut douter, néanmoins, qu'il
ne subit, à l'insu peut-être de lui-même, l'influence salutaire entre toutes, du milieu social
où il était né et auquel le rattachait sans cesse
le souvenir d'une mère chérie ; Oui ! sa charité,
son dévouement pendant l'épidémie, en un mot,
les preuves de haute moralité qu'il avait données
dans diverses occurrences, établissent suffisam-
ment ce fait que, bien qu'il ne pratiquât pas,
il était chrétien parfait à tous les autres points
de vue.

Toutes les religions en vigueur dans le monde
civilisé ont pour fondement les dogmes de l'existence de Dieu et de l'immortalité de l'âme,
sans lesquels il n'y a ni morale et vertu, ni société
possibles; mais, c'est surtout dans l'Evangile de
Jésus-Christ, ses adversaires mêmes doivent en
convenir, que ces deux dogmes capitaux doivent
être considérés, sous le rapport de leurs effets
moraux et de leurs conséquences sociales ou
civilisatrices.

La religion chrétienne (sans distinction de
secte) est, en effet, si éminemment favorable,
qu'on ne l'oublie pas, au perfectionnement, au
progrès de l'esprit humain, qu'elle ne se borne
nullement aux prescriptions du décalogue ou de
la morale universelle, mais qu'elle recommande

par dessus tout la charité, la fraternité, le pardon
des injures (c'est-à-dire l'oubli de la vengeance),
en un mot, tous les renoncements, toutes les
abnégations; c'est par ces derniers préceptes que,
frappant mortellement l'*orgueil*, elle établit sa
supériorité sur toutes les religions, sans en ex-
cepter aucune, pas même le judaïsme dont elle
procède.

On nous dit, on nous répète chaque jour que
le christianisme professe, avant toute chose, la
déchéance de la raison et de l'intelligence; mais
j'estime que son divin Fondateur n'a jamais eu la
pensée d'annihiler chez l'homme la lumière qu'il
a reçue d'en haut pour se conduire, et je n'en
veux pour preuve que les prodiges intellectuels
qui ont été réalisés à travers les siècles, par la
civilisation chrétienne; qu'on la compare aux
autres, sous ce rapport, et on constatera, par les
fruits qu'elle a portés, à quel point elle a toujours honoré et respecté la raison. Quant à moi,
après avoir mûrement réfléchi, étudié, comparé,
j'en suis venu à proclamer, avec conviction, que
le milieu évangélique pur est incontestablement
le milieu par excellence et que son plus grand
mérite, à mes yeux, est d'être défavorable, je le
répète, à l'orgueil, source première et universelle
du mal social. A tous ceux qui protesteraient
contre cette opinion et qui, pour me réduire au

silence, me ramèneraient aux bûchers du moyen-âge, à l'inquisition, à l'amende honorable de Galilée, à la Saint-Barthélemy, à la révocation de l'édit de Nantes, etc., etc., je répondrais tout simplement, que l'Evangile de Jésus-Christ n'a rien à démêler avec toutes ces choses, et qu'on doit, en chercher les causes ailleurs.

Avant d'aller plus loin, je dois apprendre ici à mes lecteurs qu'une ordonnance royale, suscitée par un rapport très élogieux de l'illustre amiral Duperré, qui se connaissait en matière de fièvre jaune, ne tarda pas à nous nommer, de Cuers et moi, chevaliers de la Légion-d'Honneur. Cette ordonnance était datée du 18 septembre 1839 et, coïncidence vraiment étrange, ce fut, comme on le verra à la fin de cette étude, le 18 septembre 1854, que de Cuers se dépouilla de cette décoration si légitimement, si noblement gagnée, pour revêtir la soutane du prêtre. Peut-être choisit-il lui-même le mois et le jour de son entrée dans le sacerdoce pour faire acte plus complet de renoncement et d'humilité; mais je ne saurais rien affirmer à cet égard, ne l'ayant jamais questionné sur le fait; il n'est arrivé à ma connaissance que dans ces derniers temps, en compulsant les documents sur lesquels j'ai établi sa biographie.

Continuons à le suivre dans sa vie militaire.

Lorsque j'arrivai à Toulon en 1840, venant de Brest et à bord de ce chef-d'œuvre d'architecture navale qui portait 120 canons et qui, après s'être successivement appelé les *Etats de Bourgogne* (sous Louis XVI), la *Montagne* (sous la Convention et au combat d'Ouessant) avait pris finalement celui d'*Océan*; lorsque je rentrai, dis-je, dans ma ville natale, après la plus pénible des campagnes, je retrouvai de Cuers au milieu des siens, dans une maison de la rue Lafayette, des fenêtres de laquelle la vue plongeait dans la principale cour du collége, où nous avions fait jadis connaissance. J'allais chez lui souvent, plus souvent qu'il ne venait lui-même chez moi, car il était, en général, très sobre de visites. Il me recevait toujours avec un abandon marqué et des témoignages indubitables d'amitié; mais un grand changement s'était produit dans son humeur et ses allures, depuis notre séparation à Brest.

Nous avions toujours eu, l'un et l'autre, un goût prononcé pour l'histoire naturelle; ce goût avait sa source, sans contredit, dans l'instinct religieux qui nous était commun, dans l'amour du juste et de l'équitable que nous possédions au même degré, enfin, dans le sentiment profond, imprescriptible de notre dignité d'homme qui se trahissait par l'indépendance de nos opinions. Or, quand on a ce caractère, on est porté vers l'étude de la nature ; on aime à la contempler, on passe parfois des heures entières à étudier les mœurs ou les travaux des infiniment petits et l'on est toujours porté à s'abstraire. Aussi , la première chose qui dut me frapper, chez mon ami, lorsque nous nous revîmes, ce fut le silence qu'il garda sur sa chère collection conchyliologique, dont il aimait tant à me montrer les nouvelles acquisitions.

M. Thomas de Cuers, frère puîné de Raymond et qui est actuellement inspecteur principal des Douanes à Brest, m'a fait connaître, dans une lettre qu'il m'a écrite dans ces derniers temps, la cause d'un changement qui m'avait toujours paru inexplicable. L'ambition s'était emparée de mon ami. Après avoir présenté au Ministre de la Marine divers engins d'artillerie de son invention, il s'était rendu à la fonderie royale d'Indret pour les faire exécuter, espérant attirer par là, à l'exemple de beaucoup d'autres officiers, l'attention sur lui.

« Tourmenté bientôt par de vagues aspirations de fortune qu'il voulait réaliser dans l'intérêt de sa famille, il se rendit, en octobre 1840, en Espagne. Dans ce dernier pays, la fièvre des spéculations, qui agitait à cette époque tous les esprits, sembla (ajoute son frère) s'emparer de

lui ; à Algésiras, avec quelques Français et des
Espagnols, il fonda une société pour l'exploitation
des mines d'argent, s'occupa de communications
à vapeur entre cette ville, Gibraltar et Ceuta, de
chemins et de diligences (Dieu sait tout ce qu'il
y a à faire, sous ce rapport, dans la péninsule),
etc., etc.; mais une des nombreuses révolutions
qu'elle a éprouvées vint entraver, mettre à néant
tous ces projets que la Chambre de Commerce
de Paris avait considérés comme assez sérieux
pour s'en occuper. »

L'industrie est sans doute une magnifique
chose ; elle réalise, surtout au moyen du mono-
pole, des fortunes fabuleuses ; mais en général,
pour y réussir, il faut pouvoir remuer les capitaux à pelletées, et par dessus tout ne pas avoir
d'entrailles, ni une conscience trop timorée. Or,
de Cuers, homme délicat par excellence, ne tarda
pas à comprendre cela ; dès ce moment son enthousiasme s'éteignit.

Il revint donc à ses anciens goûts, demanda
et obtint le commandement du paquebot-poste
l'*Egyptus* (ministère des finances) et vint à Marseille pour le prendre. De ce paquebot il passa
successivement sur l'*Eurotas*, le *Minos* et le
Télémaque ; ce fut alors que nous nous rejoi-
gnîmes et pour longtemps, car je vins aussi
m'établir dans cette ville en avril 1845, après

l'obtention d'un congé de trois ans, motivé par une goutte sereine dont l'origine remontait à ma fièvre jaune et qui avait fait des progrès très inquiétants pendant mon séjour à Mogador où les maladies des yeux sont très communes.

Du *Télémaque*, Raymond passa sur le *Napoléon* ; c'était le premier navire à vapeur où l'on avait fait en France l'application de l'*hélice propulsive*, pour la solution du problème important de la navigation mixte. Les premières expériences sur ce genre de navigation avaient été confiées à un officier distingué, M. de Montaignac, aujourd'hui amiral et ministre de la marine, et on voulait les faire continuer par de Cuers dont les aptitudes nautiques appelaient aussi la confiance du gouvernement.

Le *Napoléon*, au dire de son nouveau commandant, était un navire qui ne ressemblait à aucun autre ; ses mouvements étaient brusques et durs ; il ne s'élevait pas sur la lame, mais il sautait sur elle ou la traversait, vu l'extrême vitesse de son sillage. En un mot, cet aviso très fin, ayant peu de longueur de baux, présentait avec exagération tous les inconvénients propres aux navires à hélice, inconvénients qui ont pu être corrigés en tout ou en partie depuis, ce qu'il ne m'appartient pas de décider ici.

Dès notre arrivée à Marseille, en 1845, la

question des quarantaines surgit dans cette ville, sous la plume éloquente et énergique de feu Henri Abel, rédacteur en chef de la *Gazétte du Midi* et je fus admis à participer à la lutte dans ce journal; mon ami m'y encouragea fortement et me vint même en aide dans certaines circonstances, où son témoignage me fut nécessaire soit verbalement, soit par écrit; car, les démentis brutaux des savants parisiens ne me firent pas faute. Or, cette lutte a continué en 1849, 1854, 1865 et 1866, et tout annonce, en ce moment même, qu'elle est loin d'être finie, que l'esprit d'erreur s'apprête à relever la tête. Oui, je ne saurais trop le répéter, à ce point de vue il y a eu quelque chose d'étrange dans mes relations avec de Cuers, surtout à partir de notre embarquement sur la *Caravane* et dans notre arrivée à Marseille. Je pourrais le prouver encore mieux si les bornes de cette simple brochure me permettaient de faire valoir certaines lettres que je possède encore à ce sujet et qu'il m'écrivit de Malte, de Constantinople, enfin des mers du Levant.

Un jour, le 16 décembre 1845, en revenant d'Ajaccio à Marseille, et par un très gros temps, le *Napoléon*, qui aimait à surprendre son monde par la brusquerie de ses cabrioles, donna un tel coup de tangage que son commandant, qui

se trouvait alors sur le pont, perdit l'équilibre
avec la rapidité de l'éclair et fit une chute
terrible sur la tête ; quand on le releva, il était
sans connaissance, son pouls et son cœur ne
battaient plus. Le médecin du bord ne négligea
rien, sans doute, pour le tirer de cet état ; mais
il arriva à Marseille presque froid, sans avoir
ouvert les yeux un instant et donné le moindre
signe d'intelligence. Aussi, ce médecin s'em-
pressa-t-il d'appeler à son secours, dès que le
navire fut amarré, un de nos plus habiles chi-
rurgiens, élève distingué de Delpech. Puis on
transporta sans délai de Cuers à son domicile où
l'attendait cette sœur qu'il aimait tant, comme le
fera voir la suite de cette histoire. Mlle de Cuers,
connaissant mon amitié pour son frère, me fit
aussitôt prévenir. Il fut d'abord question de le
trépaner, mais le docteur Roux abandonna ensuite
cette idée, parce qu'il y eut chez mon ami quelques signes d'amélioration. J'ignore, d'ailleurs,
ce qui avait été fait soit à bord, soit dans les premiers moments de son retour à Marseille ; ce qu'il
y a de certain, c'est que, pendant plus de deux
mois, il dut être éloigné de tout service, de tout
bruit, tant la commotion avait été terrible. Les
soins dévoués de sa sœur purent seuls lui sauver
la vie ; car ces cas sont de ceux où le médecin ne
peut être, le plus souvent, que le ministre et

l'interprète de la nature, et où il a besoin, par-
dessus tout, d'être bien compris et secondé.

Si je ne m'en rapportais qu'aux lettres mêmes
de Raymond, je devrais croire que son retour à
la pratique catholique et son entrée dans le
sacerdoce eurent pour cause essentielle cette
affreuse chute. Voici, en effet, ce qu'il a écrit à
ce sujet :

« Depuis longtemps, je sentais que, pour me
ramener à Dieu, ma volonté ne pouvait suffire ;
qu'il me fallait le concours d'une circonstance
déterminante, entraînante, qui, sans moi, malgré moi, me portât presque au but. Ayant toujours eu une certaine disposition intuitive à
me croire des amis ou des protecteurs près
de lui, je comptais sur eux *et spécialement sur
ma mère. Plus d'une fois, en effet, des relations
sensibles, évidentes, s'étaient établies entre elle
et moi, et dans la conviction qu'elle ne m'aban-
donnerait pas, j'attendais avec patience, peut-être
pas toujours avec espérance...*

« Enfin (continue-t-il) cette occasion arriva,
et cette occasion ce fut ma chute. Après avoir,
pendant plusieurs jours, inspiré de graves in-
quiétudes et gardé longtemps le lit, je repris
la mer sur le *Napoléon*, pour me distraire, car
j'étais loin d'être rétabli ; la commotion du cer-
veau m'avait rendu éminemment impression-

nable au bruit, avait affecté ma vue et rendait chez moi tout travail de tête difficile, douloureux, stupéfiant. »

De Cuers nous apprend ensuite, qu'inquiet de l'état de ses fonctions cérébrales, il demanda à quitter momentanément le *Napoléon*, dans le but de voyager, de se distraire, de s'éloigner de toute occupation sérieuse, et qu'ayant enfin obtenu un congé, il se rendit aussitôt à Paris, *gardant pour lui seul la connaissance du véritable motif de son voyage, qui était de chercher un confesseur et de revenir à la pratique de ses devoirs religieux*. Il le fit, en effet; mais le respect humain l'empêcha de persévérer après son départ de Paris. Ce fut à Saint-Sulpice qu'il revint, après une longue interruption, à la pratique des devoirs catholiques, *mais il fut ensuite vigoureusement éprouvé par des tentations contre la foi, et par le respect humain.*

« Après ma communion, dit-il, j'étais revenu sincèrement à Dieu, et j'éprouvais la joie du prodigue; mais, bientôt, la première lumière perdit sa clarté sensible; le premier sentiment de ferveur disparut, et alors vinrent de nouveau la nuit, l'angoisse, la crainte de s'être trompé, le sentiment même de l'incrédulité. Tout cela me désolait et me faisait gémir; heureusement une volonté forte me resta au milieu de ces

péripéties, et cette volonté s'acharna à lutter
surtout contre le respect humain ; par exemple,
lorsque je rencontrais le viatique sur ma route,
et que j'hésitais à lui donner publiquement un
témoignage de foi. Oui, c'est incontestablement à cette force de volonté que j'ai dû, au
milieu d'oscillations continuelles, de ne pas
perdre entièrement, sous le rapport religieux,
le fruit de mon voyage à Paris. »

Pour se laisser aller à admettre que la terrible chute faite par le commandant du *Napoléon*
fut la seule cause de son retour à Dieu, il faudrait établir *à priori* que la commotion cérébrale avait perturbé et affaibli d'une manière
définitive ses facultés intellectuelles, sa mémoire,
son jugement, son énergie, etc. Or, il m'est dé-
montré qu'il n'en fut rien ; que cette perturba-
bation, cet affaiblissement, très marqués d'abord
pendant les premiers temps de sa convalescence,
devinrent de moins en moins sensibles, et que
de Cuers finit par revenir complètement à son
état normal, à sa psychologie native. Il le dit
lui-même, d'ailleurs, en parlant d'un traitement
spécial hydrothérapique, qu'on lui fit subir à
Paris. Que l'accident du *Napoléon* ait, en principe, réveillé en lui le sentiment religieux obs-
curci depuis quelques années, depuis la mort de
sa mère ; qu'il l'ait porté à demander à Dieu

6

par la prière et vu sa position de chef de famille,
la conservation d'une vie dont plus que jamais
il devait comprendre le prix, cela me paraît
indubitable; mais pour faire un véritable céno-
bite du capitaine de frégate, il a fallu, certainement, l'intervention d'une de ces causes morales
puissantes, qui bouleversent l'homme et le chan-
gent d'une manière absolue lorsqu'elles ne le
tuent pas...

Un chagrin cuisant vint en effet éprouver de
Cuers en 1848. Depuis quelque temps, la santé
de sa sœur déclinait d'une manière inquiétante;
d'une constitution très nerveuse et très délicate,
les soucis, les fatigues du ménage dont elle était
chargée avaient développé en elle les germes
d'une affection grave. Après des souffrances très
longues et que rien ne put soulager, elle expira
le 17 avril dans les bras de son frère désespéré.
C'était une bonne et sainte fille, dont la vie n'avait
été qu'un long sacrifice et un perpétuel dévouement. Cette fin prématurée, frappa si vivement
de Cuers, qu'en peu de jours il ne fut plus
reconnaissable. Pour donner à mes lecteurs une
juste idée de sa douleur et de ses regrets, je ne
saurais mieux faire que de rapporter ici la lettre
touchante qu'il écrivit à l'occasion de ce funeste
événement, à son frère Guillaume, qui servait
alors au 61° régiment d'infanterie de ligne et qui

est aujourd'hui instituteur communal à Roquefort (Bouches-du-Rhône).

« Marseille, le 16 avril 1848.

« J'ai reçu, mon cher Guillaume, ta dernière lettre. Tu m'y demandais avec instance des nouvelles de notre chère sœur Joséphine, et si j'ai beaucoup tardé à y répondre, c'est qu'elle m'est arrivée dans un bien triste moment. Hier, dès que cela a été possible, je m'approchai de la pauvre malade et je lui parlai de toi ; tous ses regrets de n'avoir pu t'écrire pendant sa maladie se réveillèrent aussitôt et très vifs ; mais, sous ce rapport, je ne pus exaucer ses désirs, car ses forces étaient nulles ; elle s'apitoya sur toi et exprima le plaisir qu'elle aurait à te voir.

« Très peu de temps s'est écoulé depuis ce moment jusqu'au 17 avril, qui a été son dernier jour ; à deux heures et demie du matin, elle retournait à Dieu ; *je le remercie bien, mon pauvre Guillaume, de m'avoir rendu témoin de cette mort si touchante. Il m'a accordé là une faveur immense ;* car, si les souffrances de Joséphine ont été atroces, si son agonie n'a pas moins duré de dix jours, sa patience a été inaltérable et sa résignation attendrissante ; elle est

morte avec toute sa connaissance ; sachant qu'elle
était perdue et après avoir tout réglé, prévu et
préparé pour son dernier voyage. En réalité, elle
ne prenait souci que de la peine qu'elle pouvait
occasionner aux autres et surtout à moi. Au
milieu des douleurs, des contorsions que de
furieuses crises nerveuses déterminaient, elle
avait la force, le courage, l'amitié de me sourire,
me recommandant de ne pas pleurer sa mort
et de me résigner.. Ces tendres avis étaient
poignants pour moi.

« Vaincu par la vue de son agonie, je me vis
réduit à demander à Dieu avec instance et en
pleurant, un peu de soulagement pour elle et de
repos pour moi, surtout la grâce de la voir
mourir paisiblement , car j'en avais fait le
sacrifice.

« J'ai accompagné son corps jusqu'au cimetière
de Toulon où elle repose près des cendres de
notre père et de notre mère ; c'est aussi là où je
veux reposer ; j'ai rempli ce triste devoir avec
un mélange de douleur et de satisfaction ; *je
comprends en effet que je dois me féliciter d'avoir
fermé les yeux à cette sœur qui avait entrelacé
son existence avec la mienne ; la cause qui l'a
fait mourir va bientôt se présenter pour moi et
alors, à mon tour, ma mission étant remplie, j'irai*

à Dieu s'il veut bien me recevoir et je compte sur toi pour m'assister (1).

« Je finis, mon cher Guillaume, en ajoutant *que j'ai compris, mais bien tard, que Joséphine n'était pas une femme ordinaire, qu'elle était bien supérieure à nous tous par les qualités du cœur, l'énergie et l'abnégation ; ses amies m'ont parlé de ses vertus cachées, de ses sacrifices, de sa belle âme ; elle cachait tous ses trésors sous le voile de sa modestie et de son humilité ; s'il me fût resté une seconde sœur, je me serais mis à l'idolâtrer, en souvenir de celle que nous venons de perdre.* »

On demeure convaincu, après avoir lu cette lettre, que la mort de sa sœur bien-aimée a dû décider la vocation religieuse de de Cuers, à l'exclusion de l'accident qu'il avait éprouvé à bord du *Napoléon*. Sans doute, c'est surtout à cette époque néfaste de sa vie qu'il faisait allusion, lorsqu'il disait dans une de ses lettres à feu l'abbé Brunello de Marseille, et peu de temps avant de renoncer au monde : *Parfois bien éprouvé, les tristesses mortelles et les tortures morales ne m'ont pas manqué....*

Le dernier passage du même document semblerait de prime-abord établir, que mon ami

(1) La constitution très nerveuse de Raymond, avait pu sans doute lui suggérer qu'il finirait par être frappé lui-même de la maladie de sa sœur.

n'avait pas toujours été exempt de reproches à l'endroit de sa sœur bien-aimée; mais ce remords s'il le ressentit réellement, fut, je ne crains pas de l'affirmer, le fruit de sa conscience timorée. Bien que voué par position au célibat, de Cuers avait pu connaître par l'exemple de sa sainte mère dont les peines avaient été si grandes, par celui de sa jeune et respectable sœur, combien est noble et élevé, le rôle humanitaire de la femme, et ce qu'il mérite d'estime, de respect, souvent même d'admiration de la part du sexe fort qui, au point de vue affectif, lui est si inférieur (1).

Un incident facheux vint encore achever d'affliger mon pauvre ami dans cette circonstance. Parti de Marseille avec le corps de sa sœur

(1) La vraie femme, la femme chrétienne, ne recule même pas devant la honte, les froissements d'amour-propre, pour faire son devoir; et dans ma jeunesse étant employé comme élève en médecine à l'hôpital des forçats, j'ai souvent admiré une pauvre jeune fille qui venait apporter tous les dimanches à son vieux père condamné aux galères perpétuelles, le tribut de son affection. Sa physionomie exprimait la douceur, et ses allures appelaient le respect; il me semble encore la voir. Puisse-t-elle avoir reçu ici-bas la récompense de ses vertus. A la même époque, l'Espagnole qui, croyant se marier à un brave militaire, avait uni sa destinée à celle du faux comte Pontis de Sainte-Hélène, forçat évadé, donnait aussi ce grand exemple aux habitants de Toulon.

qui devait être enterrée à Toulon, il ne trouva rien de préparé à son arrivée; le tombeau de famille n'était pas ouvert; deux vieilles tantes, ses seules parentes, étaient à la campagne. A l'hôtel de Malte, où il demanda pour quelques heures l'hospitalité en attendant le moment des obsèques, on refusa de recevoir le corps de sa sœur, même dans la remise; enfin il se vit forcé de se rendre sans délai au cimetière public et de déposer le cercueil dans la première fosse qu'il trouva ouverte. Voici d'ailleurs ce qu'il écrivait à ce sujet à son frère Guillaume :

« Le corps de notre pauvre sœur, précédé d'une petite croix, suivi d'un prêtre et de moi, fut déposé sur le bord d'une fosse; je fis alors ouvrir le cercueil pour le contempler encore une fois. Cette pauvre Joséphine! elle était belle de toilette, de conservation, et le voyage n'avait apporté aucun désordre dans ses vêtements : les bonnes sœurs de Marseille l'avaient vêtue en fiancée. J'embrassai douloureusement ses restes en pleurant de toutes mes forces et je m'éloignai précipitamment pour rejoindre ma voiture qui partit au galop jusqu'à Ollioules où je commençai à respirer un peu. »

Si l'on réfléchit mûrement à la situation morale du commandant du *Napoléon*, au moment de la mort et de l'inhumation de cette sœur

chérie, dont la vie, comme il le dit lui même,
s'était entrelacée avec la sienne; si l'on cherche
à se rendre compte des pensées qui vinrent
l'assaillir et des tristes émotions qu'il dut
éprouver lorsqu'il se vit oublié, méconnu,
presque maltraité dans cette même ville où la
noble famille dont il était le chef, avait fourni
trente-cinq consuls ou échevins, et tant de marins
braves et dévoués; si l'on réfléchit, dis-je, à
cette position, on est forcé de reconnaitre que
l'épreuve dut être terrible, poignante et qu'elle
se rapprocha beaucoup de celle d'une foule de
personnages historiques, qui, à l'occasion de la
mort d'êtres qui leur étaient chers à divers titres,
ou à la vue des affreux changements qui s'étaient
produits presque instantanément dans leurs corps
prirent tout à coup la détermination de renoncer
au monde et d'entrer dans les ordres. Qui ne
sait, par exemple, que François Borgia, l'un
des seigneurs favoris de Charles-Quint, accom-
pagnant à sa dernière demeure l'impératrice
Isabelle, femme de cet empereur, qui l'avait
toujours protégé, ayant eu la curiosité de contempler encore une fois les restes de sa bien-
faitrice, fut tellement bouleversé à cette vue,
qu'il se voua à l'instant même et pour le restant
de ses jours à la solitude et à la prière. Qui ne
sait aussi que la réforme de l'ordre de la Trappe

a eu pour cause première l'impression profonde
que produisit la vue inopinée du cadavre de la
duchesse de Montbazon, sur l'abbé de Rancé,
dont l'illustre Chateaubriand nous a légué la
biographie.

Mais si la désespérance, le dégoût de la vie;
eurent de tout temps le privilége de ramener à
Dieu les âmes fortes, elles portèrent trop souvent à l'athéisme ou au suicide les âmes faibles
ou foncièrement perverses. Qui n'a eu quelquefois la preuve de la vérité de ces assertions ?
quant à moi, je l'ai acquise en maintes circonstances et je peux affirmer par exemple que la fin
d'un enfant chéri survenue brusquement en
1850, amena en moi les plus grands changements. Ce fut alors que, ramené à l'idée de Dieu,
je portai mon premier coup à l'athéisme et au
matérialisme contemporains, qui commençaient
à poindre dans les régions scientifiques, en publiant mon travail, intitulé de la *Spiritualité de
l'âme*. Je ne me faisais pas à l'idée d'être à
jamais séparé d'un fils que j'avais tant aimé, et
ma brochure que je lui dédiai, n'était au fond
qu'une protestation contre l'idée du néant (1).

(1) Le motif de ma prédilection pour cet enfant, c'est
qu'il ressemblait à mon père d'une manière frappante,
extraordinaire.

M. Thomas de Cuers est du même avis que moi
sur la cause qui détermina Raymond à entrer
dans les ordres; il dit en effet, dans une lettre
qu'il m'a adressée il y a quelque temps : « L'é-
motion de Raymond à la mort de notre sœur Joséphine fut si profonde, qu'il voulait tout d'abord
quitter complètement le service; mais il dut se
borner à laisser tout simplement le *Napoléon* et
à prendre un long congé qu'il alla passer à Paris,
où il ne s'occupa plus que d'œuvres pieuses. C'est
alors qu'il conçut la pensée de la fondation de
l'œuvre du Saint-Sacrement, pour la réalisation
de laquelle le secondèrent si efficacement le pianiste Hermann, juif converti, aujourd'hui carme
déchaussé, M. De Plas, officier de marine, son
camarade à l'École navale, actuellement le P. De
Plas, et M. De Benque, secrétaire général de la
Banque de France.

« En 1850 et en 1851, continue M. Thomas
de Cuers, il s'occupa de la même œuvre à Brest,
à Marseille, à Toulon, et de nouveau à Paris;
enfin, ayant demandé et obtenu sa retraite de
capitaine de frégate, grade auquel il avait été
nommé depuis quatre ans, il embrassa définitivement le sacerdoce, le 17 septembre 1854.
Voici, d'ailleurs, ce que m'écrivait mon frère
Raymond, à l'occasion de ce changement si complet, qui venait de s'opérer en lui :

« *Tu as cherché l'origine de cet acte au lit de
mort de notre bienheureuse sœur ; je ne crois
pas que tu aies trouvé une solution satisfaisante ;
mais en remontant jusqu'à notre sainte mère, on
trouve l'explication de cette vérité, que la prière
du juste est toujours exaucée par Dieu ; et si
nous voyons le fait se réaliser vingt ans après la
mort de la postulante, qui avait gémi plusieurs
années en instance devant l'Éternel, afin qu'il eût
la miséricordieuse charité de prendre à son service au moins un des fils qu'il lui avait confiés,
ce fait est fort remarquable, bien que très ordinaire dans les moyens d'action de la Providence.* »

On le voit, de Cuers fait absolument abstraction de sa douleur à l'occasion de la mort de
sa sœur, et attribue d'une manière exclusive
son entrée en religion à une cause surnaturelle.
Cette cause mérite, sans doute, tout notre respect
et personne de nous ne peut avoir la pensée d'en
nier l'intervention possible ; mais il connaîtrait
bien peu le cœur humain, il serait bien peu
philosophe celui qui ne ferait pas peser sur la
détermination ou la vocation de mon ami les
émotions qui le bouleversèrent au moment de la
mort de sa sœur tant aimée. Quant à moi, je ne
saurais faire bon marché de ces causes morales
si puissantes, si funestes et dont le moindre
effet, sans contredit, est de conduire à la passion

de la solitude, au dégoût de la vie, et par suite, au sentiment religieux.

En débarquant du *Napoléon*, de Cuers servit encore en qualité de capitaine de frégate sur les corvettes le *Sané* et le *Descartes* ; mais sa position dans la marine n'était plus tenable ; elle devint bientôt des plus fausses et des plus difficiles au milieu d'une génération d'officiers à laquelle il était étranger, et dont les idées, les aspirations étaient trop souvent en opposition absolue avec les siennes. Le 10 décembre 1849, il écrivait, en effet, de la rade d'Hyères, à son ami et directeur M. l'abbé Brunello de Marseille :

« Je suis en exil sur l'escadre et dans un isolement complet. Cet isolement m'attriste quelque peu. Bien que presque tous les jours je puisse me glisser furtivement, et comme une sorte de coupable, à bord du vaisseau-amiral, à l'heure de la messe, lorsqu'il me faut exécuter cette entreprise (car c'en est une), je suis en grand combat avec moi-même, m'accusant de trop faire ; de faire plus de mal que de bien en produisant un exemple exagéré pour les uns, ridicule, décourageant pour les autres. Du reste, je suis assez heureux dans mon isolement, *je cause tant que je peux avec Dieu, et très peu avec mes pareils, qui aiment assez, ce me semble, à me laisser de côté* (peut-être à cause de mon caractère taciturne et solitaire). Il y a quinze mois, en quittant le paquebot le *Napoléon*, je croyais faire un adieu véritable à la marine. Patience ! J'ai encore douze jours à faire pour terminer mes vingt-cinq ans de services, je serai bientôt libre, et jouirai enfin de ma part de puissance souveraine, comme citoyen français. »

En effet, l'heure de la retraite, celle de la délivrance, sonnèrent bientôt pour Raymond ; le terme de son supplice arriva ; il redevint son maître et rentra aussitôt à Marseille pour commencer une autre existence, dans laquelle nous allons le suivre jusqu'au moment suprême où Dieu le rappela à lui.

A la rigueur, cette tâche aurait dû être remplie par les religieux de son Ordre, bien plus aptes que moi à faire ressortir les vertus ecclésiastiques de leur Supérieur général ; mais des personnes distinguées, que je respecte, pour lesquelles j'ai beaucoup d'estime et dont la compétence n'est pas douteuse, ayant fortement insisté pour que je continuasse à tenir la plume, en faisant valoir que la vie d'un prêtre écrite et appréciée par un homme du monde, peut avoir aussi son prix, j'ai fini par accéder à leurs désirs, mais en faisant toutes mes réserves à l'endroit de ma liberté d'écrivain. Grâce à mon caractère franc et véridique bien connu, ces réserves n'ont

inspiré aucune défiance aux bons religieux du
Saint-Sacrement, qui n'ont pas hésité à me
confier les lettres, notes et autres documents con-
cernant Raymond, et qui m'étaient nécessaires
pour terminer cette étude philosophique; j'espère quelle pourra contribuer, dans la même
mesure que mon ouvrage sur l'athéisme, à la
restauration de l'idée religieuse, si obscurcie à
cette heure dans notre patrie. Je ne crains pas
d'affirmer, en effet, que tous mes écrits, depuis
1868-1869, ont plus fait pour cette restauration
que toutes les simagrées d'une foule de savants
qui se prétendent religieux convaincus, tout
en enseignant les principes subversifs de la
science moderne, soit dans leurs chaires, soit
dans leurs écrits, et qui prennent soin, d'ailleurs,
de se réfuter eux-mêmes, de prouver leur dupli-
cité, leur mauvaise foi, en prétendant que cette
science n'a rien de commun avec Dieu. Je ré-
ponds à cela, pour ma part, qu'il n'y a pas deux
vérités scientifiques, qu'il n'y en a qu'une en
toute matière, et que celle-là on peut la regarder
comme la fille de Dieu, ou, si l'on veut, comme
sa meilleure personnification ici-bas; cette personnification est bien plus raisonnable, il faut
l'avouer, que l'anthropomorphisme, auquel on
recourt si souvent pour se représenter la cause
nifinie de tout ce qui est.

✝

Le 19 septembre 1854, on lisait dans la chronique locale des journaux de Marseille, la nouvelle suivante :

« Hier, une cérémonie des plus touchantes a eu lieu dans la chapelle de l'Œuvre de la Jeunesse, dirigée par M. l'abbé Brunello.

« Un capitaine de frégate des plus distingués, M. Raymond de Cuers, vient de renoncer publiquement au monde, dans lequel il occupait une position brillante, pour se consacrer au service de Dieu. En présence de tous les membres de l'Œuvre et d'une nombreuse assistance, on a vu s'avancer ce brave officier, qui, dans vingt campagnes et sous toutes les latitudes du globe, avait prouvé ses capacités nautiques ; *il était en grand uniforme, paré de ses décorations, dont il a été honorablement dépouillé* pour revêtir l'humble soutane de novice et devenir soldat dans une autre armée ; quittant ainsi l'épée pour la croix. Il serait difficile de peindre l'émo-

tion des assistants à la vue de cet acte public
de profonde humilité. »

Un mois après, c'est-à-dire le 17 octobre,
de Cuers entrait au Grand Séminaire de Marseille ; le 14 janvier 1855, il était fait sous-
diacre ; le 24, diacre ; le 25 juin de la même
année, Monseigneur Eugène de Mazenod, évêque
de Marseille, l'ordonnait prêtre dans l'église
Saint-Martin. Le lendemain, et sur son invitation,
j'assistais avec ma famille à sa première messe
qu'il célébra dans la chapelle des Dames de
l'Espérance. Pourquoi me déroba-t-il le spectacle
de sa prise d'habit ? C'est ce que je ne saurais
dire, ne le lui ayant jamais demandé d'ailleurs.
Un fait certain, c'est que je ne fus pas averti
que cette cérémonie allait avoir lieu.

Monseigneur de Mazenod, homme essentiellement intelligent (1), ne crut pas utile d'imposer
de longues études théologiques à mon ami, parce
qu'il avait parfaitement compris que ce n'était
pas un prêtre ordinaire qu'il avait à ordonner,
un prédicateur futur, mais bien un simple soldat
du Christ qui n'aurait jamais à faire valoir les
principes évangéliques que par son humilité, ses

(1) Dans le temps où nous vivons, l'intelligence doit être
la qualité essentielle des évêques, sous peine d'être arrêtés
sans cesse dans l'exercice de leur ministère, et de lui créer
eux-mêmes dans certains cas, d'insurmontables difficultés.

macérations, son renoncement absolu à toutes les choses temporelles, en un mot, par ses exemples Le digne évêque, qui connaissait mes relations intimes avec de Cuers, m'en avait entretenu plusieurs fois et toujours dans ce sens, parce qu'il savait très-bien qu'il ne poursuivait aucun but humain.

Je l'ai déjà dit, je crois, si dans le monde physique la nature semble multiplier à dessein les contrastes peut-être dans un but de coquetterie et pour qu'aucun de ses effets ne puisse nous échapper, dans le monde moral, elle aime à relier par de mystérieuses sympathies et d'inexplicables affinités, les hommes les plus opposés entre eux par leurs antécédents, leurs caractères, leurs mœurs et dont l'antagonisme est évidemment favorable à la réalisation des œuvres délicates ou difficiles que des esprits similaires ne sauraient souvent conduire à bonne fin. C'est ce que va prouver très clairement, ce me semble, la fondation de la Société dite du Saint-Sacrement.

Il est incontestable que la première application pratique de l'adoration nocturne du Saint-Sacrement, a eu lieu à Paris le 25 février 1848, lendemain de la Révolution, par mon ami de Cuers et quelques hommes de bonne volonté qui partageaient toutes ses idées sur la présence

7

réelle; mais il est aussi évident, d'un autre côté, que la Société dont il a été depuis le directeur ecclésiastique n'existerait pas sans la rencontre qu'il fit, après ses premières tentatives laïques, d'un saint prêtre, qui, dès le séminaire, avait conçu la même idée que lui.

Je crois devoir prouver d'abord le premier fait que je viens d'avancer avant de m'occuper de l'autre; je trouve cette preuve dans la lettre suivante de M. de Benque, secrétaire de la Banque de France, l'un des adorateurs nocturnes, président actuel de la Société laïque de Paris. Cette lettre porte la date du 11 octobre 1871.

« Le père de Cuers, dit M. De Benque, est un de ceux qui ont le plus concouru à la fondation de l'Œuvre de l'Exposition et de l'Adoration nocturne du Saint-Sacrement à Paris; il est le troisième inscrit sur la liste de la Société; les deux premiers étaient MM. Hermann et Asnarès. Il assistait à la première réunion tenue le mercredi 22 novembre 1848, chez M. Hermann, rue de l'Université, 102, pour arrêter les bases et le règlement de l'Association naissante. Il fut, dans cette réunion, nommé directeur laïque de la première série d'adorateurs. Il aspirait déjà à la vie religieuse et se faisait remarquer par son exactitude, sa ponctualité et son zèle. *Sans avoir rien d'arrêté dans ses projets, il penchait vers une forme de l'œuvre qui la rapprochait de celle qu'on lui a donnée plus tard en fondant la Société des Prêtres du Saint-Sacrement.*

A son tour, M. F. de Plas, ancien officier de marine, condisciple de de Cuers à l'École navale, et que j'ai eu moi-même l'avantage de connaître avant qu'il fût entré en religion, nous dit, dans une lettre datée de Laval (18 février 1872) :

« C'est certainement au révérend père de Cuers, secondé par l'abbé Hermann, alors dans le monde, qu'on doit l'établissement de l'Adoration nocturne, à Paris. Ces pieux laïques voyaient souvent Monseigneur De La Bouillerie, alors grand-vicaire, qui les encouragea et triompha des difficultés que toute nouveauté rencontre. »

D'autres témoignages de ce genre ne me feraient pas faute si je ne craignais, en les rapportant, d'étendre au-delà de ses limites cette simple biographie. J'estime toutefois que ceux que je viens de faire valoir suffisent pour établir avec la plus parfaite autorité, que, dès 1848, Raymond de Cuers avait fondé l'Œuvre laïque de de l'Adoration nocturne du Saint-Sacrement, à Paris. Lorsqu'on fait de l'histoire, il faut la faire consciencieusement, et donner surtout à chacun la part qui lui revient dans les œuvres auxquelles il a travaillé: il ne faut pas imiter la science moderne, qui, dans le but d'imposer les doctrines quelles qu'elles soient, fabrique des livres où elle altère, travestit, sophistique, à son gré, la vérité historique.

Enfin, une réflexion attentive ne permet plus de douter de la paternité de Raymond, à l'endroit de l'Œuvre laïque du Saint-Sacrement. Qu'est-ce en effet que cette Œuvre, sinon le service *du quart* à bord de nos vaisseaux appliqué à l'adoration perpétuelle de l'Eucharistie. *Le quart* ou la *garde maritime* est, en effet, le temps où la moitié de l'équipage fait le service de la manœuvre, pendant que l'autre moitié dort ; les quarts se font de midi à six heures du soir pour la moitié de l'équipage, et de six heures à minuit pour l'autre moitié ; ils se font ensuite de quatre heures en quatre heures jusqu'à midi. Eh bien ! de Cuers, officier de marine, voulant assurer l'adoration incessante et perpétuelle du Saint-Sacrement, eut tout simplement l'idée d'organiser, dans une église, le service diurne et nocturne du quart. Telle est, selon moi, l'origine de la Société laïque qu'il fonda plus tard ; un prêtre s'éprit de son œuvre, et fonda à son tour la Société ecclésiastique elle-même.

Ce prêtre était un religieux Mariste, nommé le P. Eymard, qui dirigea pendant quatre ans le collége de la Seyne, près Toulon. Est-ce dans cette dernière ville ou à Paris même qu'ils se rencontrèrent, avec de Cuers, pour la première fois ? Les documents dont je dispose ne l'établissent pas d'une manière précise ; mais c'est là, on le comprend du reste, un détail sans importance. Le fait essentiel à prouver, c'est qu'après les premières tentatives d'adoration faites à Paris, ils se trouvèrent en présence, et qu'ayant les mêmes aspirations et les mêmes pensées, ils se comprirent, s'aimèrent, se promirent mutuellement fidélité et firent enfin, comme on le dit vulgairement dans le monde, alliance offensive et défensive, dans l'intérêt de l'œuvre dont ils voulaient à tout prix l'établissement, et dont je vais faire connaître ici, en ma qualité de simple historien, le but final.

« Sous le rapport *actif*, la Société projetée avait pour but de populariser le plus possible le mystère de l'Eucharistie, en faisant connaître, aimer et servir de tous, ce grand sacrement de l'amour de Dieu par tous les moyens que peut inspirer un zèle pur et désintéressé. (L'objet principal de ce zèle devait comprendre : 1ᵉ des retraites privées et publiques; 2ᵉ la prédication dans les églises ; 3° l'œuvre de la première communion des adultes, instruisant et préparant ceux qui n'auraient pas encore eu le bonheur de recevoir le sacrement eucharistique.

« Enfin, la Société devait avoir pour membres
tous les prêtres ou laïques qui, à la possibilité
d'accomplir la règle, joindraient une dévotion
particulière au Saint-Sacrement et seraient disposés à se dévouer avec une obéissance également spéciale à son service. »

Tel fut le programme qu'arrêtèrent ensemble
les deux fondateurs; et il ne m'appartient pas de
décider s'il a reçu depuis son application exacte
et complète ; je dois abandonner cette appré-
ciation à leurs successeurs et continuateurs,
seuls juges compétents en cette matière. Peut-
être l'Œuvre n'a-t-elle pas porté, sous le rapport
de la propagande, de l'expansion, tous les fruits
qu'on pouvait en attendre; mais pour qu'il en fût
autrement, il aurait fallu l'action continue, au
sein même de l'œuvre, des deux éléments, sinon
antagonistes au moins très différents que repré-
sentaient ses fondateurs et par lesquels leur
commune intention put, en principe, réaliser si
vite, en dépit d'une foule de difficultés. En effet,
ancien marin, homme de conseil et d'action,
de Cuers sortait du monde dont il ne voulait
plus et qu'il connaissait à fond sous toutes ses
faces et qu'il voulait quitter à tout prix ; improvisé prêtre en moins d'une année par un prélat
qui l'avait bien compris, parce qu'il connaissait
son passé, il n'avait en vue que la vie solitaire,

la contemplation, la prière, et de bons exemples à fournir.

Le père Eymard se trouvait dans des conditions absolument opposées; il avait toujours été prêtre, était plein d'érudition comme théologien et se livrait par suite, avec zèle et succès, à la propagande, c'est-à-dire à la prédication; mais il n'avait aucune connaissance des affaires temporelles; de plus, sa santé, assez délicate, ne lui permettait pas toujours de suffire à sa tâche; lorsqu'il ne pouvait pas la remplir, il n'avait personne derrière lui pour le suppléer.

Telles sont les causes qui, en principe, firent languir l'œuvre nouvelle, bien que depuis leur rencontre les deux co-fondateurs n'eussent cessé de s'entendre comme s'ils n'avaient fait qu'un. « A partir de cette époque, dit l'auteur ecclésiastique d'un article de journal publié à ce sujet peu de temps après la mort du P. de Cuers, on rencontra toujours ensemble ces hommes de Dieu. Leurs caractères, leurs goûts, leurs aptitudes, sont différents comme ceux de saint Pierre et de saint Paul; mais cette différence ne servira qu'à montrer le doigt de la Providence dans la réalisation des projets qu'ils auront conçus entre eux; tous les deux n'ont plus qu'une même pensée, un même désir, une même aspiration; l'initiative viendra tantôt de

l'un, tantôt de l'autre, et tous les deux pourront
redire cette parole qui leur était familière :
Oui, *la Société du Saint-Sacrement vient de Dieu*
et non des hommes ; notre seule crainte doit être
de gêner l'action divine par nos vues personnelles,
par notre libre arbitre.

« L'Adoration perpétuelle du Saint-Sacrement
commença à Paris le 6 janvier 1857, et je ne
raconterai ni la joie des deux fondateurs, ni ne
redirai les luttes, les difficultés qu'ils rencontrèrent bientôt. Le grain de sénevé était en terre, et
en 1859, il apparaissait déjà plein de vie. Alors,
Monseigneur de Mazenod vint visiter la naissante
Société, à Paris, et, désirant, par elle, faciliter
dans son diocèse l'établissement des exercices de
l'Adoration perpétuelle, il demanda que la première fondation se fît à Marseille.

« Il fut aussitôt décidé que le P. de Cuers irait
dans cette ville chercher et préparer un local ;
l'ancien couvent des Minimes se trouvait libre,
on l'acheta avec le concours bienveillant d'une
très honorable famille, et quand tout fut dis-
posé, le 9 novembre de la même année, Monseigneur l'Évêque vint dire la messe dans la nouvelle chapelle et présida à la première cérémonie
de l'Exposition.

« La direction de la Maison de Marseille fut
confiée tout naturellement à l'ancien officier de

vaisseau. Toutefois, il fut bientôt rappelé à Paris par son supérieur, pour aller, avec lui, établir une autre Maison à Angers, dans le lieu même où, au XI° siècle, l'archi-diacre Bérenger avait attaqué le dogme de la présence réelle.

« Quand tout fut terminé à Angers, une nouvelle idée surgit dans l'esprit des deux amis, idée que leur âme ardente accueillit avec enthousiasme : n'auraient-ils pas dû commencer par établir, tout d'abord, l'Adoration perpétuelle de l'Eucharistie à Jérusalem, où N. S. J-C. avait institué l'adorable sacrement et avait été crucifié, et à Rome, où son Église règne depuis tant de siècles ?

« La solution de cette question n'était pas douteuse : « Partez, dit le P. Eymard à son ami de Cuers; allez à Jérusalem étudier, sur les lieux, la grande question du Cénacle. » Il partit aussitôt, heureux et plein de confiance. Plusieurs fois il traversa la Méditerranée, sa vieille connaissance, malgré sa faible santé qui, depuis la mort de sa sœur, n'avait pas cessé de décliner. Allant de Jérusalem à Rome, puis revenant en France et retournant encore à Rome et à Jérusalem, pour aplanir les difficultés que rencontrait la fondation d'une Maison d'Adoration au Cénacle. Mais la Providence se contenta, cette fois, de la bonne volonté de ces hommes de Dieu et ne permit pas le succès. Le P. de Cuers rentra à Paris, calme, soumis, et revint bientôt à Marseille reprendre les fonctions de supérieur. Ceci se passait en 1865. Comme souvenir de ses voyages en Terre-Sainte et avec l'espérance d'y retourner un jour, il garda la longue barbe qu'il avait laissé croître.

« De plus en plus fatigué et souffrant, croyant même qu'il n'avait que peu de temps à vivre, il demanda à son Supérieur-Général, la permission de fonder une Maison de Refuge ou de solitude au désert de Roquefavour (diocèse d'Aix), pour offrir un asile aux âmes qui aiment la retraite et la méditation. L'Archevêque d'Aix, Monseigneur Chalandon, applaudissant à cette pensée, vint lui-même au *Paradou* faire la première Exposition du Saint-Sacrement, le 23 octobre 1867. C'est dans cette solitude, que la douloureuse nouvelle de la mort du Père Eymard, son supérieur et son ami, vint le surprendre. « En apprenant ce triste événement, de Cuers versa d'abondantes larmes. Il tenta de rester à Roquefavour, cherchant à ne pas figurer au Chapitre général, qui allait s'ouvrir, et déclarant qu'il approuvait d'avance tout ce qui y serait décidé. Il était, disait-il, à bout de forces et n'avait plus qu'à se préparer à mourir.

« Pourtant, sur les instances mêmes de ce Chapitre, il se rendit à Saint-Maurice (Seine-et-Oise), où il s'était assemblé, et fut nommé Supérieur Général à la place du défunt ; cette nomination était dans la justice et la convenance, puisqu'il était le premier collaborateur du P. Eymard et qu'il possédait toute la grâce et tout l'esprit de la Société. Il déclina d'abord cette charge par diverses raisons ; mais on fit appel à son dévouement, à son abnégation aux intérêts de l'OEuvre, et il finit par céder, à la condition expresse qu'il resterait néanmoins au désert du *Paradou*.

« Abstraction faite de son goût pour la solitude, la méditation, la vie contemplative, en un mot, à laquelle il s'était façonné très longtemps et pendant même qu'il servait dans la marine, de Cuers reculait peut-être un peu devant les exigences de la position de Supérieur-Général ; improvisé prêtre sans trop d'études préalables, il n'avait pas sans doute des connaissances théologiques suffisantes. De plus, il n'avait jamais abordé la chaire que pour des instructions familières, improvisées, d'une grande simplicité, qui allaient droit au cœur de ceux qui étaient assez heureux pour les entendre, mais jamais pour la prédication proprement dite. Sous ce dernier rapport, il avait donc la conscience de ne pouvoir égaler ou seulement faire oublier le Père Eymard.

« Quoi qu'il en soit, la Société du Très-Saint-
Sacrement lui doit une grande reconnaissance
pour l'habileté, l'activité et le dévouement qu'il
déploya dans le règlement de beaucoup de graves
questions laissées en souffrance par la mort prématurée du Père Eymard. Il s'appliqua surtout
à former les novices à une vie forte et vraiment
religieuse. Les jeunes scholastiques lui doivent
également beaucoup, car ils furent constamment
l'objet de sa sollicitude, de sa vigilance, de ses
recommandations. En un mot. il fut pour eux,
dans l'OEuvre, ce qu'il avait été à bord de nos
vaisseaux, pour les élèves, les mousses, les novices et les jeunes matelots. »

On trouve la preuve de ce fait dans une cor-
respondance touchante, qui s'établit entre le
nouveau supérieur général et l'un de ses novices,
qui subissait la loi de la conscription en 1871,
et qui ayant été forcé de troquer sa soutane
contre la tunique de fantassin au 90° régiment
de ligne, était arrivé au grade de sergent-
major :

« Cher sergent et frère, lui disait de Cuers, je
me suis un peu ému devant le Seigneur de vous
savoir devenu soldat au 57° régiment de marche,
et ainsi appelé à partir pour la guerre au premier
jour...

« La Providence qui vous a retenu dans les

casernes jusqu'à ce jour, décide de vous envoyer faire campagne; *vous la ferez avec les mêmes dévouement et esprit d'obéissance qui vous distinguaient lorsque vous étiez au service de Dieu. A cette heure, pour vous, ce service est d'aller en avant, avec vos galons, partout où l'on vous enverra. Voyez toujours Notre Seigneur opérant, et vous son plus humble serviteur, agissant sous ses ordres ; soyez, au dehors et pour tous, soldat de la guerre ; au dedans, soldat de la prière.* »

Plus tard, après les malheurs de l'armée du brave Bourbaki et son désarmement sur le territoire suisse, il écrivait encore à ce jeune soldat et lui disait :

« Béni soit le Seigneur, mon cher et aimé sergent, qui vous a fait résister à toutes les misères de la marche, du froid, de la neige, de la faim, qui a donné mission à vos anges gardiens de détourner les balles, les obus et autres engins de mort, et qui vous a fait arriver en Suisse en sûreté. Vous recevrez, avec cette lettre, un peu d'argent ; car vous devez avoir le plus grand besoin de mettre un peu de beurre dans la courte ration du militaire, dont la solde est suspendue. Je vous bénis, mon cher enfant, avec la vive tendresse et la certitude de vous serrer bientôt dans mes bras. »

On aime à constater cette tendresse affec-

tueuse, cette sollicitude chez l'ancien marin
devenu soldat du Christ; on est surtout heureux
de le voir rappeler au timide novice, brusquement ravi à la paix du cloître par la conscription, son double devoir envers Dieu et envers la
patrie. Qu'on dise, ensuite, que c'est la civilisation de l'Évangile qui a amolli et énervé les générations actuelles, qui leur a enlevé les vertus
guerrières. Pourrions-nous oublier, d'ailleurs,
comme le faisait naguère observer, dans un dis-
cours officiel, un professeur de l'Université, que,
dans les temps de la décadence romaine, les
légions chrétiennes étaient renommées par leur
bravoure : qu'elles jouèrent souvent le rôle que
l'illustre maréchal de Mac-Mahon assigna, dans
un jour glorieux et néfaste à la fois, à l'immortel 9° régiment de cuirassiers ? Qui oserait
aussi élever des doutes sur la bravoure désormais
historique des zouaves pontificaux, pendant l'invasion prussienne ? Les mots de Dieu, de famille,
de patrie ne sont-ils pas rivés entre eux d'une
manière inséparable ? et pour ne pas avoir peur
de la mort sur le champ de bataille, ne faut-il
pas, avant tout, croire en la vie future, repous-
ser enfin l'idée du néant, qui fut et sera toujours
le tombeau de tous les courages ?

Sous l'administration de mon ami, fut ouverte, en 1869, la maison d'Arras, fondation

depuis longtemps arrêtée en principe, par le P. Eymard ; du reste, malgré le mauvais état de sa santé, il ne se borna pas à la suivre du fond du désert du Paradou, il le quitta très souvent pour aller visiter les maisons du Saint-Sacrement et leur personnel. Qui pourra peindre toutes les angoisses, toutes les anxiétés auxquelles son cœur fut en proie pendant le premier siége de Paris, où il savait ses enfants en J.-C. tout-à-fait dénués de ressources ? Avec quel bonheur il en recevait des nouvelles ! et comme il remerciait le Seigneur, en apprenant les grâces qu'il leur accordait! Dès que Paris fut débloqué, il partit pour aller embrasser ses religieux, qui n'oublieront jamais les émotions de cette première entrevue. Dans cette circonstance, malgré la rigueur de la saison, la fatigue, ses douleurs incessantes, il poussa jusqu'à Bruxelles et à Arras, et revint à son désert tout épuisé, presque mourant.

Le second siége de Paris vint le tourmenter plus que le premier, et cette préoccupation développa en lui un épuisement considérable qui, dès lors, fit craindre sérieusement pour sa vie ; on lui fit comprendre qu'il fallait enfin se soigner, et il y consentit avec humilité.

Mais le fer, le quinquina, le bon régime peuvent-ils quelque chose contre l'anémie, dont

la source est une affection morale? A cette époque, de Cuers, qui connaissait de longue date ce
qu'on doit attendre de l'anarchie, s'attendait, quoique sans la moindre crainte personnelle, à la
visite des *civiques* ou *cyniques* de Marseille au
désert de Roquefavour, et l'inquiétude, l'angoisse, résultant de sa responsabilité de supérieur, contrariait l'effet du traitement reconsti-
tuant que je lui avais prescrit. Voici, en effet, ce
qu'il écrivait à ce sujet, en date du 14 janvier
1871, à son frère, M. Guillaume de Cuers, qui
avait offert un asile à la Société du Saint-Sacrement, dans un autre désert, celui de Roquefort, où il réside encore et où il commandait la
milice rurale :

« Je te sais gré, ainsi que tous mes frères, de
ton offre; mais, y a-t-il un désert, une cachette
en présence de la passion rouge? Une bande avi-
née arrive en nombre; elle fouille les coins et
recoins de ta solitude, et comment cette solitude, qui est municipale, pourrait-elle lui
échapper? Comment les purs du département
te laisseront-ils, d'ailleurs, un quart-d'heure
instituteur communal? Tes épaulettes de capitaine sauraient-elles davantage protéger un *clé-
rical*? Et si les sacramentaires étaient trouvés
en grand nombre chez toi, avec quel zèle, gens
de la ville et de la campagne ne viendraient-ils

pas sauver la patrie en les dispersant et les déportant, pour ne rien dire de plus ! »

Comme on le voit, le Supérieur-Général de la Société du Saint-Sacrement, appréciant d'une manière fort juste la situation politique de cette époque, s'attendait à tout de la part de ces hommes odieux, que la délégation de Tours s'efforça, mais en vain, d'envoyer contre les Prussiens, et qui, ainsi qu'il le disait avec tant de vérité, sauvèrent la patrie agonisante par d'horribles attentats contre les personnes et les choses, et cela au nom d'un gouvernement qui avait inscrit sur sa bannière cette devise décevante : *Liberté*, *Egalité*, *Fraternité*.

Ce fut, s'il m'en souvient bien, au milieu de ces circonstances politiques, que plusieurs religieux de l'Œuvre vinrent me voir à Marseille, pour attirer mon attention sur l'état de la santé générale de mon vieil ami, et m'engagèrent à aller le visiter dans sa retraite, où je n'avais jamais mis les pieds, car il venait me voir lui-même, toutes les fois que des affaires l'appelaient à l'ancien couvent des Minimes. Je me rendis donc au Paradou ou plutôt à Roquefavour, par une belle journée de printemps, accompagné de l'un de mes gendres, et après avoir traversé en sautant sur des cailloux assez mal disposés, la petite rivière de l'Arc, je sonnai à l'une des portes de l'établisse-

8

ment, dans lequel aucun bruit ne se faisait entendre et que de prime abord on devait croire
inhabité.

Je m'étais toujours imaginé, connaissant le
goût de Raymond pour les grands spectacles de
la nature, qu'il s'était fait construire une retraite
simple, modeste, une sorte d'ermitage, d'où la
vue, se perdant au loin dans la campagne, le
mettait journellement en présence du lever, du
coucher du soleil, des orages, si fréquents en
Provence dans certaines saisons. Avec la vivacité
d'imagination qui m'est propre, je me suis complu
très souvent moi-même à l'idée d'aller un jour
finir ma vie dans une pareille retraite, d'y
retrouver, jusqu'au moment suprême, mon
indépendance, ma liberté; enfin ce calme, ce
repos dont on ne jouit jamais dans le monde,
et sans lequel il n'y a pas de méditation possible
ou fructueuse pour le philosophe.

Sans doute au point de vue de la solitude, du
silence et de la prière, le Paradou remplissait à
merveille le but que s'était proposé mon ami en
le faisant bâtir, mais c'était une véritable prison
cellulaire, qui devait être très froide en hiver,
extrêmement chaude en été, et on ne pouvait
dire de lui à première vue, à l'exemple de La
Fontaine :

Solitude où je trouve une douceur secrète,
Lieux que j'aime toujours, ne pourrai-je jamais,
Loin du monde et du bruit, goûter l'ombre et le frais ?

Quoi qu'il en soit, en retrouvant mon vieil ami
après un long intervalle, je fus péniblement affecté de sa dégradation physique dont il ne s'in-
quiétait guère, d'ailleurs, et sur laquelle j'eus
quelque peine à fixer son attention. Il me reçut,
selon son habitude, avec la plus grande affection,
me fit son compliment sur mes récentes publications spiritualistes, spécialement sur l'*Athéisme
du XIXᵉ siècle*, dont je lui avais envoyé un exemplaire à son apparition. Il me parla ensuite de mon
fils unique, me félicita de son engagement volon-
taire dans l'armée, engagement qui, me dit-il,
l'honorait autant que moi, puisqu'étant encore
mineur, il lui avait fallu, avant tout, mon auto-
risation ; enfin, il finit par me promettre solennellement de suivre avec exactitude le traitement que je lui avais conseillé : « Je n'ai pas le
droit de disposer de ma vie », ajouta-t-il, « et
puisque vous la croyez menacée, mon devoir est
de me soigner et de prendre des remèdes. »
En le quittant, et par une sorte de pressentiment dont je ne me rendis pas compte en ce moment, je l'embrassai, contre mon habitude, avec

une émotion marquée, et je le remerciai une fois encore de tout ce qu'il avait fait jadis pour moi au milieu de l'Océan, pour m'empêcher d'y être jeté, et pour me tirer des griffes formidables de la fièvre jaune. Je m'engageai aussi à revenir le voir bientôt ; mais les projets que l'on forme, on le sait, ne se réalisent pas toujours. Lorsque nous nous séparâmes, de Cuers avait déjà les deux pieds dans la tombe, et il était écrit que nous ne nous reverrions plus.

En effet, peu de jours après mon excursion à Roquefevour, en dépit de sa faiblesse extrême et de ses souffrances, il prit tout à coup la résolution de se rendre à la Maison de Saint-Maurice, afin de mourir au sein de sa famille (*sic*). Le lendemain, 23 mai 1871, après avoir reçu la Communion, il quitta, les larmes aux yeux, son bien-aimé désert, et, faisant un effort suprême, il prit la route du Noviciat, où il arriva le 26 dans la soirée, épuisé, sans parole, à demi-mort. A son arrivée, il se jeta sur un lit improvisé dans la salle du Chapitre, à l'endroit même où il avait été élu Supérieur-Général.

Dès qu'il fut couché, il demanda à être administré, tant il se sentait près de finir. Après avoir reçu les derniers Sacrements avec les témoignages de la foi la plus vive et du respect le plus profond, il manda près de lui les consulteurs de la Société, voulant se démettre dans leurs mains de son titre de Supérieur-Général; mais ils n'y voulurent pas consentir. Puis, une amélioration assez grande s'étant prononcée, après un peu de sommeil, il raconta avec beaucoup de lucidité et même de gaîté, les souffrances et les péripéties de son voyage.

« Il y avait, dit-il, trois ou quatre jours qu'il tournait autour de Saint-Maurice sans pouvoir arriver. On l'avait arrêté un grand nombre de fois en route pour lui demander ses papiers, qui consistaient simplement en son *Celebret*, car il avait négligé de prendre un passeport; les uns s'en contentaient; les autres, voulant faire les savants, lisaient et relisaient cette pièce (1), quelquefois à rebours, et enfin n'y comprenant rien, allaient trouver leur chef, ce qui nécessitait souvent des examens et des interrogatoires fatigants et humiliants pour le bon Père, car il pouvait à peine se traîner. Une autre fois, c'était sa longue barbe qui attirait l'attention sur sa personne : on le prenait pour quelque chef communard déguisé en religieux; on faisait arrêter le train et on le forçait à descendre sur la voie, pour répondre au commissaire de police.

« Pendant un mois entier, placé entre la vie et

(1) Le *Celebret* est écrit en latin.

la mort, on vit le père de Cuers souffrir sans
répit, avec patience et résignation, regrettant
d'être une occasion de trouble pour la communauté, et l'objet de soins que, selon lui, il ne
méritait pas. Son confesseur lui dit un jour :
« *Père, donnez-vous tout à Dieu? — Oh!* repon-
dit-il, *il y a bien longtemps que je l'ai fait et je
ne veux rien reprendre, ni dans l'esprit, ni dans
le cœur, ni dans la conduite de Dieu envers
moi.* » Son confesseur ajouta : « *N'avez-vous pas
demandé à mourir dans l'octave de la Fête-Dieu ?
— Jamais je n'ai eu cette impertinence, je ne demande rien, je suis aux ordres du Maître.* »
Telle fut sa réponse.

« Le 16 juin, jour du Sacré-Cœur de Jésus, on
remarqua plus de faiblesse dans l'état du vénérable malade. Néanmoins, il pensa avec bonheur
au grand pape Pie IX, dont c'était la fête, et il
s'unit à la joie du monde catholique à l'occasion
du 25ᵉ anniversaire de son pontificat. Le mercredi
21, fête de Saint-Louis de Gonzague, le R. P. de
Cuers demanda la communion avec plus d'em-
pressement qu'à l'ordinaire. Le matin, vers sept
heures et demie, il conféra encore des affaires
de la Société avec l'un des consulteurs resté près
de lui; mais à dix heures, une crise se déclara
et l'on comprit que la fin était proche. Son
confesseur accourut, le bon père demanda par-

don de ses péchés, reçut l'absolution avec une pleine connaissance et une foi vive qu'il manifesta par un grand signe de croix au moment où le prêtre le bénissait. On commença les prières des agonisants qu'il semblait suivre avec la plus grande attention, mais la vie se retirait peu à peu ; bientôt le cher malade fit un dernier effort et, au milieu de ces prières qu'il aimait tant, il rendit le dernier soupir.

« Quand le père de Cuers eut expiré, ses religieux l'embrassèrent successivement sans aucune crainte, car il paraissait dormir. Pendant quarante-huit heures, son corps resta exposé dans la salle du chapitre et chacun fut heureux de venir prier près de ces restes vénérés. Au moment de le mettre dans le cercueil, on remarqua avec surprise qu'il ne donnait encore aucun signe de décomposition et que ses membres étaient souples comme s'il venait à peine d'expirer. Transfiguré en quelque sorte par la mort, il était beau de calme et de sérénité. Ses obsèques eurent lieu le vendredi 23 juin, dans la chapelle de la communauté, au milieu d'un concours nombreux de prêtres et de fidèles. Puissent ses exemples, le souvenir précieux de ses fortes et austères vertus, de sa foi si vive et de son amour pour N. S. Jésus-Christ dans le mystère de l'adorable Eucharistie, ne pas être perdus pour les indifférents et pour nous-mêmes! »

Telle est la conclusion de l'écrivain ecclésiastique qui m'a fourni ces détails pleins d'intérêt. Qu'on me permette maintenant de tirer de la vie si exemplaire, si utile et si éprouvée du P. de Cuers, une morale dont l'humanité tout entière puisse faire son profit.

Quand on réfléchit mûrement aux diverses phases de cette vie et aux bonnes actions de tout genre qui l'ont marquée, on reconnait bien vite que son grand mobile a été l'esprit de famille, inspiré par le sentiment chrétien d'une part, et la vie solitaire ou contemplative de l'autre ; la combinaison de ces éléments entre eux, pouvant, je l'ai déjà dit, conduire l'homme digne de ce nom à tout ce qu'il y a de grand et de beau, *par l'accomplissement du devoir en toute chose*.

En effet, né d'un père et d'une mère chrétiens, zélés et vertueux et qui s'attachent de bonne heure à lui inculquer leurs principes, de Cuers commence par les aimer et les respecter comme Dieu le commande, et lorsqu'ils meurent prématurément, leur souvenir s'enfonce profondément dans son cœur et ne peut plus en sortir.

En cette occurrence, absolument dénué de fortune, il n'a pas de peine à comprendre les devoirs qui lui incombent comme frère, et ces devoirs il les remplit sans hésiter, sans murmurer, en silence et au prix des privations les plus dures. Dans cette voie des sacrifices, rien ne l'arrête, ni le cri de l'égoïsme si naturel à notre espèce, ni les jugements téméraires des camarades au milieu desquels il vit et qu'il ne daigne pas mettre au courant de ses épreuves, surtout de ses besoins. . . . .

Comme officier de marine, il ne cesse pas de se montrer à la hauteur de sa tâche et de se faire estimer de ses chefs, parce que, mieux que personne, il connaît la nécessité de l'obéissance, de la discipline, parce qu'il sort d'une famille où elles furent toujours en honneur, et *parce que noblesse oblige, quoi qu'on en dise.*

Si, pendant la terrible campagne de la *Caravane,* il se montre si généreux, si charitable, si dévoué et — je ne dois pas manquer de le dire — si instruit en hygiène navale, il le doit, d'une part, au sentiment chrétien qu'il tient de sa mère ; au souvenir des trente-cinq consuls toulonnais, issus de Pierre de Cuers, le vertueux secrétaire du roi René et dont les annales provençales ont établi, du reste, l'intelligence et la droiture ; enfin, à la connaissance qu'il a acquise en Espagne, son pays natal, des dangers sociaux

qui découlent de l'importation de la fièvre
jaune et de l'humeur voyageuse de ce fléau.

C'est encore parce qu'il a le cœur excellent
comme ses ancêtres, que la vie solitaire et retirée
qu'il s'impose par nécessité, ne l'aigrit pas le
moins du monde et ne fait au contraire, qu'a-
méliorer, rendre plus parfaite sa psychologie.

Lorsqu'à la vue des restes mortels d'une sœur
bien-aimée et pleine de vertus domestiques, il
se voue, dans un moment de désespérance, à la
vie religieuse, il devient aussi zélé, aussi actif et
aussi strict dans l'accomplissement de ses nouveaux devoirs, qu'il l'était à bord des vaisseaux,
dans l'exercice de ses fonctions militaires. Après
avoir été bon soldat du roi, se dit-il en lui-
même, il faut se montrer également bon soldat
de Dieu. Pensant ensuite à la vigilance incessante que les marins déploient jour et nuit sur
leurs navires pour lui éviter le naufrage, il veut
empêcher celui de l'humanité, celui de la civilisation que l'athéisme et le matérialisme frappent
à coups redoublés à notre époque, et dans ce but,
il transporte le service *du quart* dans les églises,
pour la prière perpétuelle; idée véritablement
sublime et dont sa modestie l'empêcha de faire
ressortir lui-même la hauteur.

En le suivant dans les différentes phases de sa
vie militaire et religieuse, à bord des vaisseaux

comme dans le cloître, on le voit sans cesse pré-
occupé du respect, du maintien de la morale;
mais conséquent avec ses principes, tout en
surveillant les hommes soumis à son autorité ou
à sa direction, il se montre très sévère pour lui-
même. Il y a consentement unanime sur ce
point.

Chez lui tout était cœur (c'est bien le cas de
le dire), et ce cœur aimait à se dissimuler sous
une froideur apparente.

Dès son entrée dans la vie, le spiritualisme le
plus pur s'était en quelque sorte incarné en
Raymond de Cuers. Il n'avait pas, je l'ai déjà dit
ailleurs, fait de grandes études philosophiques,
études, qui, de l'aveu même de Mgr Dupanloup,
évêque d'Orléans, et l'un de nos prélats les plus
éminents, sont la base de toutes les connaissances
humaines; mais la conscience, l'intuition, le
cœur, lui en tinrent lieu. Jamais il ne transigea
avec le matérialisme ou le sensualisme, et s'il
en avait été autrement, il n'aurait pas pratiqué
la morale avec la plus stricte sévérité au milieu
des épreuves et des malheurs qui l'assaillirent.
Sous ce rapport, du reste, je lui ai ressemblé
(j'ose le dire, quoique de loin), et c'est aussi par
conscience et par intuition, que j'ai voué aux
doctrines physiologiques du Collége de France,
la plus profonde aversion.

Raymond, avec de tels sentiments, avec un tel caractère, avec de telles aptitudes, comment mon ami n'aurait-il pas été de tout temps (qu'on y réfléchisse bien), le plus charitable des hommes? Comment après avoir perdu sa mère, sa sœur, assuré l'avenir de ses trois frères; comment, dis-je, ne se serait-il pas abîmé dans l'amour de Dieu, source éternelle de tout amour? Comment, enfin, n'aurait-il pas fini son existence dans la solitude et la contemplation?

Finalement, le P. de Cuers a toujours été par-dessus tout et en toute chose l'homme du devoir, partant, celui de la morale et de la justice, car ces trois mots sont synonymes. Jamais il n'a fait ce qui lui plaisait, mais ce que sa conscience lui ordonnait. L'esprit de famille et le sentiment chrétien étaient les seuls guides de cette conscience si délicate et même si timorée. Que les législateurs et tous les hommes de bonne volonté y réfléchissent donc, qu'ils ne négligent rien pour restaurer au milieu de nous, ces deux grands mobiles de l'amour de la patrie, qu'ils les empêchent de périr sous l'étreinte de l'athéisme et du matérialisme, qui nous enveloppent à cette heure et qui tendent à mettre à la place de la vieille société de Dieu, l'empire de la force brutale et la civilisation des tigres ou des gorilles.

Lorsque le P. de Cuers disparut de ce monde où il avait tant souffert, la patrie française était à l'agonie; semblables à ces générations de parasites qui envahissent les animaux épuisés, surmenés et mourants, les modernes Teutons pullulaient encore sur cette noble terre, qui produisit tant de héros. Surpris de leur facile victoire, ils la rendaient odieuse par leurs excès, semant ainsi pour l'avenir, les germes de la vengeance, car la France, qui s'est relevée d'Azincourt, de Poitiers, de Crécy, de Waterloo, saura, on ne peut en douter, se relever de Reischoffen et de Sedan et ne plus se fier uniquement à son courage traditionnel. Si rien dans les documents que m'ont fournis ses religieux ne fait connaître les impressions que ressentit l'ancien capitaine de frégate, à la nouvelle de ces derniers désastres, je ne saurais douter de leur nature, ni de leur portée. Que de fois ne dut-il pas appliquer à nos sauvages ennemis l'épithète d'*abominables* qui lui était familière quand il voulait flétrir les hommes ou les événements.

Une seule chose dans cette occurrence put atténuer, adoucir ses douloureuses émotions, et ce fut certainement le concert d'éloges qui, de toutes parts, s'élevait sur la bravoure, la haute discipline et les brillants succès de nos marins. Au moment où tant de trahisons, tant de défaillances et de turpitudes se produisaient cyniquement au grand jour, il dut se rappeler avec bonheur, sinon avec fierté, son ancienne qualité d'officier de marine, qu'il aimait tant à oublier depuis son entrée dans les ordres, et avoir des aspirations que, ni l'état de sa santé, ni les vœux qu'il avait prononcés, ne lui permettaient de suivre. Combien n'aurait-il pas été heureux aussi, s'il avait pu, dans ses derniers jours, apprendre par la voix publique, qui seule nous la dénonça, la présence à l'armée de la Loire de ce digne fils de saint Louis, dont il s'honorait d'avoir été jadis le compagnon, et qui, sorti de son exil, sous un nom vulgaire, avait cherché vainement à verser son sang pour la France et à prouver ainsi irréfragablement que la marine d'autrefois, d'où il sortait, était la digne mère de celle d'aujourd'hui.

Mais il est temps de m'arrêter pour ne pas donner, à cette étude biographique et philosophique des proportions exceptionnelles. Je ne sais si mon cœur se trompe, mais il m'affirme que j'en ai dit assez pour faire bien comprendre ce que fut de Cuers, comme homme privé, chef de famille, marin et religieux. Puisse-t-il, maintenant qu'il a commencé une autre vie, qu'il a reçu le prix de ses sacrifices, de ses vertus et des bons exemples qu'il a donnés ici bas, intercéder auprès de Celui dont tout dépend, pour qu'il ramène dans les voies droites, par la restauration des grands principes sociaux, notre malheureuse patrie ! Après avoir fait ce vœu, qui trouvera, je n'en doute pas, un formidable écho dans la partie honnête de la société française, j'en formulerai un autre qui m'est personnel : S'il est vrai, dirai-je, que tous ceux qui se sont aimés sur la terre et qui ont pratiqué ensemble l'éternelle morale, ont quelques chances de se retrouver dans le ciel, puissé-je en faire bientôt l'expérience et jouir, avec Raymond, avec tous les êtres qui me furent chers ici-bas, de la confusion définitive des fausses doctrines en tout genre qui sont issues de la science moderne, pour le malheur de l'humanité !

L'Œuvre de la Société du Très-Saint-Sacrement est en pleine voie de progrès; mais le Sanctuaire de Roquefavour a été supprimé par des motifs d'économie, vu son éloignement et sa situation dans une localité déserte. Il n'avait jamais pu répondre d'ailleurs qu'à l'amour profond de mon saint ami pour le silence, la solitude et la méditation.

La Maison-Mère est à Paris, rue Leclerc, 8, Faubourg Saint-Jacques.

On attend des temps meilleurs pour y construire une église digne du grand but de l'Adoration perpétuelle.

La maison du Noviciat est à Saint-Maurice, par Saint-Chéron, ligne de Vendôme (Seine-et-Oise).

Les autres maisons de la Société sont dans l'ordre de leurs fondations : 1° à Marseille; 2° à Angers; 3° à Bruxelles; 4° à Arras.

PIÈCES JUSTIFICATIVES

~~~~~~~~~~~~~~~~~

N° 1

Pierre de Cuers, secrétaire intime du roi René et de sa femme Jeanne, vivait à Toulon en 1435, lorsque le bon prince l'attacha à son service.

Son second fils, Jean de Cuers, fut prévôt à la Major de Marseille, puis conseiller clerc du Parlement d'Aix, institué en 1502 par Louis XII; il fit rebâtir la prévôté où l'on voit encore ses armes à divers endroits. Il spécifia dans son testament qu'il serait enterré dans le tombeau des prévôts près de la porte dite du Cheval.

La famille de Cuers avait deux branches, l'aînée ou celle dite de Cogolin, et la cadette celle de Brunet. M. le baron Gaston de Flotte, mon confrère à l'Académie de Marseille, allié par sa femme (M¹¹ᵉ de Fulconis) à la famille de Cuers, m'a prouvé ces jours-ci que la branche de Cogolin est éteinte dans la ligne masculine et qu'elle n'est plus représentée à cette heure que par trois dames. Les héritiers du nom et des titres sont donc :

9

1° M. Thomas de Cuers et son fils âgé de vingt ans, qui habitent Brest ;

2° M. Guillaume de Cuers, instituteur communal à Roquefort (Bouches-du-Rhône).

Les de Cuers étaient aussi alliés aux familles de Piquet, de Veteris, de Vitalis, de Villeneuve, de Signier, de Garnier Julhians, de Martin de Fresnay à Toulon.

N° 2

Extrait de l'ouvrage intitulé : *Les Consuls à Toulon, Commandants militaires et Lieutenants du Roy en cette ville*, par M. Gustave Lambert.

« En 1649, l'émotion la plus vive se manifesta à Toulon. Le premier consul, Jacques de Cuers, assembla un conseil général auquel furent appelés vingt-deux chefs de famille ; il représenta que, par une violation flagrante des lettres de Henri IV et de Louis XIII, qui donnaient aux consuls lieutenants du roi le commandement de la ville en l'absence du gouverneur, le roi (Louis XIV) venait de nommer *commandant de la ville, château et tours de Toulon,* le sieur de Chateleux.

« A l'unanimité, on décida qu'il serait fait opposition et qne le premier consul de Cuers serait député auprès du roi pour la soutenir.

« Le consul réussit pleinement dans sa mission et

le roi chargea en outre le député toulonnais de remettre au conseil une lettre datée de Compiègne, le
24 mai, dans laquelle il disait : « *Nous avons été bien
aise de vous donner les marques de la satisfaction que
nous avons de vos services, vous assurant qu'aux
autres occasions, vous trouverez en nous cette même
bonne volonté pour le général et le particulier de votre
ville.* »

Aujourd'hui, en dépit de notre état de république
et de nos prétentions à la liberté et à l'indépendance,
comment Paris recevrait-il l'opposition d'un conseil
municipal de province qui oserait protester contre
ses décisions? Que sont devenues nos franchises mu-
nicipales d'autrefois avec l'excès de la centralisation
dont nous jouissons *après en avoir fini avec les tyran-
nies de la royauté ?*

N° 3

Voici l'une des lettres que m'adressa Raymond
de Cuers à l'occasion des démentis qui m'avaient été
donnés par les novateurs parisiens à l'endroit de
l'épidémie si curieuse de la *Caravane.*

« Malte, 8 janvier 1843.

« J'ai reçu. mon vieil ami, votre lettre du 14 décembre 1842. Voici ma réponse que je vous prie de
considérer comme un témoignage de l'intérêt que

l'on porte à toute affaire dans laquelle l'amitié se trouve en jeu, et du désir que j'éprouve de vous voir sortir du grand débat que vous soutenez depuis si longtemps et qui, en vous procurant quelques faibles avantages honorifiques, a été néanmoins pour vous une source de déplaisirs, de peines et de soucis.

« Je pensais que le puissant adversaire qui vient de s'élever contre vous à l'Académie de médecine (feu Chervin) ne vous contestait que la valeur des conclusions médicales de votre publication; mais je vois, d'après votre lettre, qu'il a même élevé des doutes sur la partie historique de votre relation de l'épidémie de la *Caravane*. J'en suis d'autant plus fâché pour vous, cher ami, qu'il est toujours difficile de détruire entièrement l'impression que laisse toujours dans l'esprit le doute d'un fait accusé d'inexactitude. Dans l'état, je ne peux que vous offrir mon témoignage; comme vous, j'ai assisté à l'épidémie; de vous j'ai reçu la brochure que vous avez publiée et je dois à la vérité de déclarer que votre historique des malheurs de la *Caravane* est parfaitement exact, s'accorde en tous points avec mes souvenirs, et vous savez aussi bien que moi, mon cher Bertulus, si de pareils souvenirs peuvent s'effacer de la mémoire des hommes qui ont passé par ces épreuves.

« J'espère, du reste, avoir sous peu de jours le plaisir de vous embrasser; je pense être le 21 de ce mois à Marseille et de là à Toulon où je m'associerai à votre bonheur d'être père.

« Adieu, je ne sais si je vous ai donné mon témoignage en bons termes; mais, dans tous les cas, ne vous gênez pas avec moi, je reste à votre disposition pour toute démarche dont vous pourriez avoir besoin dans l'intérêt de la vérité.

« Tout à vous,

« Raymond DE CUERS. »

N° 4

Masséna était né dans les environs de Nice, mais il était Toulonnais d'origine et cousin au même degré du célèbre capitaine de vaisseau Infernet et de mon grand-père Félix Domenge, capitaine au long cours. Tous les trois avaient commencé ensemble leurs services dans la marine; mais Masséna s'en dégoûta bientôt et s'engagea, vers l'époque de 89, dans le régiment royal-italien qui fut le point de départ de sa grande fortune militaire.

Voici une anecdote assez intéressante que le savant M. Octave Teissier raconte à propos de ma maison de Toulon, dans son ouvrage intitulé : *Histoire de quelques rues de Toulon*. Je crois devoir en faire profiter les lecteurs de cette étude biographique qui ne pourraient pas se procurer ce livre intéressant

« Le vieux Domenge était un excellent marin et un causeur agréable. Il racontait volontiers ses campagnes; il avait connu intimement Infernet et Masséna.

« Avant de s'engager dans le royal-italien, ce dernier avait servi dans la marine. Infernet, Domenge et lui, qui étaient cousins, se rendaient fort souvent dans une auberge située sur le versant sud du coteau de Lamalgue, tenue par une jeune femme qui fut plus tard la *fameuse tante Claire*. Ils y faisaient la partie de boules et y dégustaient cet excellent bœuf à la mode qui avait fait la réputation de l'établissement.

« Vingt ans après, Masséna revint à Toulon; il était maréchal de France, Infernet capitaine de vaisseau et Domenge capitaine du port marchand. Masséna revit avec bonheur ses anciens camarades et leur proposa d'aller rendre visite à tante Claire. La brave femme se livrait encore à la confection du bœuf à la mode; seulement sa taille s'était un peu courbée, elle portait des lunettes et maugréait contre les mauvais sujets qui consommaient beaucoup et ne payaient que très rarement.

« Arrivé devant la guinguette, Masséna, interpellant la bonne femme, lui dit en provençal : « Tante Claire, vous souvenez-vous d'un mauvais garnement nommé Masséne (*sic*) qui était au royal-italien et venait souvent ici? — Je ne m'en souviens que trop, répondit l'excellente femme, le coquin! il m'a emporté plus de 150 fr. de consommations. — N'en dites pas de mal, reprit aussitôt Masséna, car le pauvre homme est mort et sa dernière pensée a été pour vous. Il m'a chargé de venir vous voir et de vous remettre ses petites économies que voici. » Le maréchal lui remit aussitôt une bourse qu'il avait préparée et qui contenait une assez forte somme. Tante Claire se mit alors à pleurer et à regretter ce coquin de Masséne. Elle ne sut que bien longtemps après qu'il était mort soldat pour renaître prince et maréchal et qu'elle avait reçu sa visite. »

N° 5.

Dans la dédicace à Mᵍʳ le Prince de Joinville, l'auteur s'est donné le titre de « médecin en chef de l'île de Mogador pendant l'occupation française, en 1844 ». Voici la justification de ce titre :

« DIVISION NAVALE DES CÔTES DU MAROC.

« M. Bertulus (Joseph-Evariste-Laurent), chirurgien au 3ᵉ régiment d'infanterie de marine, est chargé du service de santé à établir sur l'île de Mogador.

« A bord du *Pluton*, le 17 août 1844.

« *Le Contre-Amiral commandant*,

« Signé à l'original : FRANÇOIS D'ORLÉANS. »

www.ingramcontent.com/pod-product-compliance
Lightning Source LLC
Chambersburg PA
CBHW051715090426
42738CB00010B/1919